CÓMO PUBLICAR MI LIBRO "GRATIS"

Claudio de Castro

Del Best Seller:
"Escribí mi Novela. Ahora, ¿qué hago?"

3ra. edición: junio de 2016

Para autores Independientes

E-mail: edicionesanab@gmail.com

ISBN-13:
978-1533011756

ISBN-10:
1533011753

DEDICATORIA

A mi esposa Vida y mis hijos:
Claudio Guillermo,
Ana Belén, José Miguel
y Luis Felipe.

A mi madre y mis hermanos
Henry y Frank

A mi nieta:
Ana Sofía

A mis colegas escritores…
Que sueñan nuevos mundos.

CONTENIDO

"Un libro electrónico, libro digital, ciberlibro, conocido en inglés como e-book o eBook, es una versión electrónica o digital de un libro". (Wikipedia)

"Descubrir que podía publicar todos los libros que quisiera, sin depender de una Editorial, ***me cambió la vida para siempre."***

CAPÍTULO UNO

¿Cuál es la mayor dificultad que enfrenta un escritor al momento de soñar con ver su libro publicado? Pues, hacerlo realidad.

Eres un escritor y tienes un libro estupendo, pero las editoriales te lo rechazan, o no cuentas con los recursos necesarios para pagar una imprenta. En ese caso, te presentamos la solución que encontramos y gracias a la cual llevamos más de 100 libros publicados en el portal de Amazon.

¿ES GRATIS?

Podrás publicar completamente GRATIS todos los libros que quieras.

Todos los que han escrito un libro alguna vez en su vida se enfrentan con el mayor obstáculo de todos: Publicarlo.

¿CÓMO LO HAGO?

Hoy he recibido una carta de un escritor que acaba de terminar su libro. Me ha pedido que lo lea y pregunta si es posible que lo publique en nuestra editorial. Como ésta, recibo cientos de emails.

La tecnología nos permite auto publicar nuestro libro trabajándolo en Microsoft Word. Amazon se encarga de convertirlo en un ***libro digital Kindle***. Y es tan sencillo que sorprende. En cuestión de una hora puedes subir un libro y dejarlo listo para que Amazon lo revise y lo suba a sus librerías alrededor del mundo.

Te mostraré lo que he aprendido para auto publicar tus libros y que puedas destacar entre millones de otros ebooks.

Mis primeros libros digitales se veían horribles, debo reconocerlo. Con el tiempo he aprendido cómo mejorar su diagramación y la fórmula para que destaque y llegue a los primeros lugares. Te enseñaré los trucos que aprendí. Y podrás a partir de este momento empezar a publicar tus libros y venderlos en la más grande librería del mundo.

¿La inversión? CERO.

Sólo tu tiempo y talento.

AHORA, ¿QUÉ HAGO?

Has pasado meses o años escribiendo la novela que te llevará a la cima. Sabes que te espera la fama. Le has dedicado muchas horas, tiempo, vidas. Y acabas de escribir la última palabra, con la que cierras el libro.

¡Qué maravilla! Te invade un sentimiento de satisfacción.

Llamas a tus amistades:

"Terminé. He puesto el punto final".

Tomas el manuscrito y le das una ojeada, buscas errores ortográficos, palabras de más. Ajustas el contenido. Lees los diálogos y te imaginas a tus personajes vivos.

Los ves frente a ti y conversas con ellos.

No es una novela más.

De pronto te pones a pensar:

"Y ahora, ¿Qué sigue?"

Tomas una hoja en blanco y escribes:

1. *La enviaré a 19 editoriales especializadas.*
2. *Buscaré un lector de reseñas para que la evalúe.*
3. *Les daré copias a varios amigos para que sean los primeros en leerla y me la comenten.*

Entonces llega la inquietud que asecha a todos los escritores.

"¿Cómo la voy a publicar si me rechazan las editoriales?"

He pensado mil veces como tú.

He sufrido igual los rechazos de las editoriales. Y al final, me lancé en busca de algo nuevo, diferente y empecé a auto publicar mis libros.

Olvidé las editoriales, el ahorro que tenía que hacer para poder pagar mi publicación a una imprenta de 100 ejemplares, sobre todo me desligué del rechazo. Y me concentré en escribir y publicar.

La conocida ecuación:

Autor + editorial = publicación + distribución

... quedó obsoleta.

Saqué de ella las editoriales y ahora publicó todos los libros que quiero, cuando los tengo listo, sin pensar en otra cosa que escribir.

Hay tantos mundos por crear y compartir,

Es lo que deseo mostrarte con este libro. Llevarte a un gran descubrimiento. Puedes publicar tu propio libro y tenerlo en las estanterías de la mayor librería del mundo.

¿Te animas a descubrirlo?

"A menudo todo lo que necesitas es: un buen café, un lugar acogedor, la buena compañía y decidirte a escribir ese libro que por años has dejado olvidado".

SUPLICANDO A LAS EDITORIALES

Pasé la mayor parte de mi vida enviando mis manuscritos a diferentes editoriales. Cada fin de semana iba ilusionado con mi familia al correo. Abría la casilla y encontraba una multitud de sobres manila.

Algunos eran devoluciones, unas revistas que no pedí y unos pocos tenían remitente de un gran editorial. ¡Qué alegría! Recuerdo que me sentaba en el auto y abría una por una, con una gran expectativa.

"Hoy va a ser el día", me decía, mientras cortaba los bordes del sobre para sacar la carta.

Parecían salir de un molde, porque todas decían:

"Lamentamos informarle que por el momento no estamos aceptando…"

Era frustrante. No había aún publicado mi primer libro y parecía que nadie se interesaba en él.

¿Te es familiar esto?

En esos días dependías de las editoriales, que alguna mostrara un poco de ***"compasión"*** y te diera la oportunidad de enseñarle al mundo lo que eres capaz hacer como escritor:

Puedes crear *historias fascinantes con la palabra, personajes intrigantes, paisajes naturales, destinos mágicos e imposibles*… …

Recuerdo una editorial que me escribió:

> "Señor de Castro, por enésima vez le informamos que NO ESTAMOS INTERESADOS EN SUS LIBROS. ***¡¡Por favor no nos mande más sus manuscritos!!!"***

Yo testarudo, nunca obedecí.

Metía nuevamente el manuscrito en un sobre y se los reenviaba con esta nota:

"Gracias por sus observaciones. Les mando un libro que se "parece" al anterior, pero es un poco diferente".

Aquello era como pedir limosnas.

A los años recibí una carta favorable. Apenas me lo creía. Publicaron mi primer libro. Fue la Editorial San Pablo de Colombia. Lo celebré en grande.

Dicen que la gallina cacarea el huevo cuando lo pone. Yo hice igual con este libro. Lo mostré a cuantas personas pude y otras editoriales me abrieron sus puertas en Argentina, Chile, España… Y mis libros empezaron a recorrer el mundo.

Fueron 7 años, tratando de conseguir ese primer visto bueno, tiempos de una lucha constante contra el desánimo que a menudo se asomaba a mi ventana. Hasta que, ¡por fin! ¡Mi primer libro impreso! No imaginas lo emocionante que fue tenerlo en mis manos.

Nunca me pasó por la mente que podía prescindir de las editoriales y auto publicar mis libros. Eso era IMPENSABLE.

Al tiempo tuve suficiente confianza y estaba en mi casa diagramando y armando artesanalmente mis libros, con la ayuda de mi esposa y mis hijos; para luego llevarlos a los puntos de ventas.

Ahorre unos dólares y empecé a publicar mis libros en una imprenta de calidad para distribuirlos con mi sello editorial, Ediciones Anab (www.edicionesanab.net).

La vida da muchas vueltas y, si te esfuerzas y perseveras, puede que encuentres la oportunidad que necesitabas.

Un buen día abrí una puerta que nunca había visto, que estaba frente a mí, esperando ser abierta: **Kindel Amazon**. Y empecé a auto publicar mis libros en formato digital.

Esta es mi historia. Te cuento cómo lo hice.

Espero que te ayude a cumplir tus sueños.

¿POR QUÉ ESTE LIBRO?

Me encontraba en Costa Rica en la casa de mi hermano Frank, cuando éste me advierte:

"Estás perdiendo una gran oportunidad. Conozco muchas personas que leen libros digitales. Yo mismo, desde mi teléfono móvil, descargo los libros que deseo leer, con un simple "clic". No puede ser más sencillo. Vives arraigado al pasado. Debes evolucionar, empezar a publicar tus primeros libros en formato digital. Ese es el futuro".

"Prometo que trataré", le respondí, sabiendo que estaba por entrar en un mundo desconocido para mí.

"No se trata de intentarlo, debes hacerlo, insistió.

"No imaginas cuántos lectores esperan deseosos de leer tus libros y eres tú quien no se atreve a llegar hasta ellos".

Este dialogo sencillo, con mi hermano fue el que disparó todo y me motivó para intentarlo. Me recordó la insistencia de mi otro hermano (Henry) quien también me insistía en los libros digitales.

Quiero confesarte que no fue sencillo para mí. Debía empezar de cero. Emprender algo totalmente nuevo.

No tenía la más mínima idea de lo que era un libro digital, o cómo se descargaba en un aparato digital, o cómo se leía, ni cuál era su aspecto.

Pero esto no me desanimó. Les hice una promesa a mis hermanos y decidí cumplirla. Después de todo, llevaba algo del camino recorrido con más de 60 libros publicados en papel.

> ***Así fue como di el primer paso, el más importante, lo que define tu futuro: "Querer hacer algo. Decidirte".***

He recorrido un largo camino desde aquella mañana en Costa Rica. Aprendí que la vida es un constante cambio y no hay que tener miedo.

Gracias a recientes publicaciones que han aparecido sobre mis libros digitales en Amazon Kindle, son muchas las personas que me escriben de diferentes países: España, Argentina, Ecuador, Costa Rica…

Me piden que lea sus manuscritos, otros que los ayude a publicar sus libros en formato digital, me preguntan cómo lo hice, cómo he llegado hasta este punto, qué deben hacer….

He pensado que me costó tanto lograrlo, que vale la pena compartirlo, ayudarte para que también lo consigas…

Fue una empresa emocionante, una aventura sin igual. Y quiero que vivas también, esta gran odisea.

"Qué sabroso es levantarte a la hora que quieras, sentarte a escribir tus historias. Crear nuevos mundos. No depender de un salario. Vivir de lo que te APASIONA".

UN SECRETO A VOCES

Te daré una GRAN NOTICIA…

Voy a revelarte el camino que seguí para llegar a los primeros puestos.

Cómo me posicioné el ranking de más ventas en Kindle, en la cima del éxito.

"¿Yo podré?", seguro me vas a preguntar.
"¡Por supuesto! ¡Estoy seguro que lo vas a conseguir!"

Cuando empecé no sabía siquiera lo que era un libro digital, también llamados libros electrónicos, o ebooks. Era un escritor sumergido en la industria editorial. Dependía de las editoriales y sus caprichos. Cada vez que enviaba un libro esperaba meses para recibir una respuesta, la mayoría de las veces negativa.

Poco a poco fui mostrándoles que mis libros podían tener contenido interesante y empezaron a publicarme.

Editaban mis libros en diferentes países, hasta que fundé mi propia editorial, Ediciones Anab, y empecé a escribir y tuve la alegría de publicar en papel mis propios libros. Con el tiempo empecé a emigrar hacia los libros digitales. Quería ser parte de esta nueva tecnología que está revolucionando el mundo editorial.

Hoy tengo más de 100 publicados muchos de ellos en Amazon, y ya algunos están siendo traducidos al francés, inglés, portugués e italiano.

Este año si Dios lo permite, publicaremos nuestros primeros libros digitales en los idiomas: ruso y mandarín.

Estoy presente de manera efectiva en la mayor librería del mundo, la que controla el 60% del mercado de libros digitales y tiene más de un millón de libros disponibles a los lectores. No hay límites a lo que puedes lograr.

Te contaré mi secreto.

Son 8 consejos muy efectivos que disfrutarás. Podrás convertir lo que te apasiona (escribir) en un negocio digital.

Te explicaré cómo lograr que tu libro sea un Best Seller en Kindle Amazon, de una forma tan sencilla y coloquial, en un lenguaje que podrás entender.

El resto depende de ti.

Cuando empecé a escribir me llamaron "loco", "bicho raro" y algunos incluso me dijeron: "Nunca lo vas a lograr".

Debes creer en lo que puedes lograr si te esfuerzas.

Hoy mis libros impresos se encuentran en 15 países, traducidos a 4 idiomas. Y tengo más de 100 libros digitales en el portal de Amazon.

SUEÑA EN GRANDE

Trabajaba en una empresa como muchos, con un horario estricto, responsabilidades y un salario que nunca me alcanzaba.

Vivía al límite con una familia con 4 hijos, gastos enormes, la hipoteca, el auto, las escuelas, los seguros… Era una situación insostenible, pero no tenía opciones. Debía continuar, día tras día.

Una noche mi esposa me abraza y me dice: *"Tienes un sueño que no has cumplido. ¿Te gustaría intentarlo? Yo te apoyo en todo"*.

Antes de esa noche escribía historias cortas, que publicaba en revistas, pero no me atrevía a dar el paso y vivir de las palabras, de lo que escribía.

Soñaba en grande, pero siempre me rondaba ese miedo que nos paraliza.

Tu mayor enemigo eres tú. Nadie vive por ti y nadie toma tus decisiones.

Un día creí que podía y lo intenté. Y nunca me he arrepentido de esta estupenda decisión que cambió mi vida para siempre.

¿Por qué te lo cuento? Porque tal vez en este momento eres esclavo de tus temores, de las palabras negativas que te dicen los demás. Y creo que es hora que empieces a perseguir tus sueños.

Es hora de publicar tu primer libro. Sueña en grande y obtendrás grandes logros. Yo quise ser escritor, soñé con ser escritor. Y vivo de esto. De lo que siempre quise hacer: escribir.

Todo comienzo es difícil y debes luchar, ser persistente, así me ocurrió cuando migré a los libros digitales. Era como entrar en una selva inhóspita, oscura, llena de animales peligrosos.

Te esfuerzas, luchas, estudias, NO TE RINDES. Y entonces empiezas a cosechar los frutos de tu trabajo.

"Colega escritor" te lo aseguro… No es tan difícil como parece.

No tienes ningún impedimento.

Te invito a intentarlo, aprovecha esta oportunidad.

Vive la vida que siempre quisiste tener.
Colega escritor, no te rindas.

LOS ESCRITORES ¿QUÉ SON?

Los escritores, ¿somos bichos raros?

La verdad es que a veces, incomprendidos y solitarios. Es lo único que me desagrada de esta profesión.

Te sientas frente al ordenar y escribes, pero estás solo. No tienes con quien compartir los eventos del día, el partido de futbol.

Hablas contigo mismo o con tu ordenador.

Yo escucho música cada cierto tiempo, me levanto a caminar o me voy en auto a una cafetería para disfrutar un buen café con unos panecillos dulces...

Tengo doce años dedicándome exclusivamente a escribir. Vivo de esto.

Por eso cuando se presentó la oportunidad de auto publicar mis libros en el portal de Amazon, tomé la oportunidad, no la dejé escapar.

En este momento me encuentro en la Biblioteca Nacional. Me he colocado unos audífonos para no escuchar los pequeños ruidos a mi alrededor que me desconcentran.

Es como entrar en una cápsula del silencio. Sólo estás tú con tus pensamientos. La pantalla del ordenador en blanco y el teclado listo para que tus dedos empiecen a golpear suavemente mientras las palabras aparecen frente a ti.

Esa es la magia de la escritura, ***puedes hacer visible tus pensamientos.***

LA GRAN SORPRESA

Me encontraba revisando la página en la que veo las ventas diarias de mis libros digitales en Amazon ***y de pronto empiezan a dispararse***.

Algo estaba ocurriendo y no sabía qué era. De pronto lo intuí. Era increíble, ***lo que esperé por tanto tiempo. ¡Estaba pasando!***

Busqué las gráficas y el informe de ventas que me indican los títulos vendidos y uno resaltaba. Tuve que revisar varias veces para comprobarlo.

¡Estaba en el Top Ten de Amazon! ¡Tenía un Best Seller! ***Apenas me lo creía.***

Abrí emocionado la página de Amazon, escribí mi nombre y allí estaba… con una etiqueta roja que decía:

"Más Vendido".

¡Lo había conseguido!

Aquello era sencillamente increíble. No me lo podía creer. Le tomé una foto al monitor del ordenador y la compartí con todos mis amigos.

"¡Vean esto!", les decía.

Era algo que te ocurre una vez en la vida y no podía desperdiciarlo.

Empezaron a correr las noticias en las redes sociales y a cada instante recibía la señal de un nuevo mensaje: **"¡Felicidades, qué gran logro!" "¡Lo conseguiste!!" "¡Bravo por ti!".**

Me senté a disfrutar del momento sabiendo que era pasajero. Una cosa es tener un Best Seller en Amazon Kindle, un libro digital bien posicionado, en la cúspide, y otra muy diferente mantenerlo allí, como el más vendido.

En Amazon, lo difícil es llegar, y aún más difícil, sostenerte en esa posición.

Son esfuerzos diferentes, batallas que no se parecen en nada.

Estaba agotado y necesitaba descansar. Tenía más de 30 libros esperando ser subidos al portal de Amazon y empezar la carrera por el exigente primer lugar en ventas.

La lucha apenas empezaba.
Y yo estaba dispuesto a continuar.

¿Eres un autor independiente?

Te comparto mi testimonio para que puedas publicar tu libro fácilmente, ponerlo en línea "gratis" y cumplir tus sueños.

CAPÍTULO DOS

CUANDO TIENES UN SUEÑO

ESTE ES UN TUTORIAL, PASO A PASO, muy simple, para auto publicar tu libro digital en el portal de Amazon. Contiene "consejos y pequeños trucos" que otros no te han dicho.

Este libro nace del fruto de mi experiencia publicando libros digitales.

Algunos han llegado al **Top Ten en ventas de** Amazon y se descargan a diario en cientos de aparatos digitales en todo el mundo.

Publicar un libro digital no es tan difícil como parece. Te explico el proceso en pasos muy sencillos y prácticos para que lo hagas bien.

Si perseveras, con el tiempo podrás hacer de esto un oficio, una carrera, y podrás vivir de tus publicaciones.
Muchos lo han logrado.

Supe de una secretaria que escribía novelas rosas y un día, animada por sus compañeros de trabajo, la publicó en Amazon. Se vendieron millones de ejemplares. Ya no es secretaria.

Kindle Amazon te da esa oportunidad y no debes desaprovecharla.

Yo trabajo cada día como escritor independiente. Hago lo que me apasiona. Publico libros de espiritualidad, auto superación, novelas, libros de cuentos… ¿Y lo mejor? Ya empezaron a llegar mis primeros pagos de Amazon. ***¡Fantástico!***

Es sorprendente sentir que te pagan por hacer lo que te apasiona.

Esta semana superé los 100 libros digitales publicados. Y lo celebré en grande. Haciendo lo que más disfruto... Me senté a escribir.

¿Estás listo para conquistar tus sueños? ¿Tienes una historia que compartir? ¿Un conocimiento que podría ayudar a otros? Este es el momento. Escribe tu primer libro y conviértelo en Best Seller. No tengas miedo de lograrlo. Tú puedes.

¿Qué beneficios vas a obtener con lo que estoy por enseñarte?

Aprenderás de la mano de un autor con más de 100 libros digitales publicados y doce años viviendo de este oficio, como escritor.

Te daremos las herramientas que necesitas para publicar tu primer libro electrónico.

De que se puede... se puede.

Esta guía definitiva para auto publicar tu libro destaca por su sencillez. Es muy cómoda y su lectura puede ser comprendida por cualquiera.

No necesitas conocimientos previos.

Aprovecha mi experiencia como dueño de una editorial y autor Kindle de éxito.

Empieza tu camino por un trayecto que ya ha sido recorrido y explorado. ***Te ahorrará tiempo y esfuerzo.***

¿ESTÁS LISTO?

¡Empecemos!

6 MESES ATRÁS...

NO PENSABA EN LOS EBOOKS

¿Eres uno de ellos?

Todos los días surgen nuevos autores que desean publicar sus obras y no saben cómo.

Yo sí. Al menos lo era.

Seis meses atrás no tenía idea de lo que era un libro digital.

Me sentaba en este mismo lugar con grandes sueños por vivir. Era otro Claudio, más inquieto, buscando algo que no encontraba. No pensaba en los ebooks, ni siquiera sabía que podía escribir y publicar uno.

Hasta el momento había escrito y publicado en papel más de 40 libros.

Los tenía repartidos en las librerías de 15 países y empezaban a ser traducidos al inglés, portugués, francés e italiano.

Eran todos grandes relatos, novelas, ciencia ficción, y pequeños libros de auto ayuda y vida interior. Libros católicos sobre nuestra fe, la familia, y el crecimiento espiritual.

Era dueño de mi propia editorial en la que publicaba mis libros. Y empezaba a exportarlos a diferentes países. Pero en el fondo era el mismo Claudio, que soñaba con ser escritor.

A diario me llegaban correos preguntando casi siempre lo mismo.

"Soy un nuevo autor. ¿Cómo puedo publicar mi libro?"

A menudo no tenía una respuesta porque la si
Sabía por experiencia lo difícil que resulta trabajar con editorial, pasé por muchas con experiencias poco gratificantes.

Necesitaba probar algo nuevo, un cambio. Hacer las cosas diferentes.

Mis hermanos Henry y Frank tenían meses sugiriéndome que publicara mi primer libro digital.

Me decían que ese era el futuro y yo lo estaba desperdiciando.

Era tan neófito que ni siquiera había leído uno.

***¿Qué era eso del libro* digital? ¿Ebooks?**

Sonaba extraño, como una patata cruda, un misterio que no se puede resolver.

A los 58 años la tecnología suele asustar. Y yo estaba preocupado.

He aprendido que debes ver más allá de nuestros límites. No dejarnos vencer por lo desconocido, la adversidad o algo que sencillamente no comprendemos.

APRENDER LO BÁSICO

Decidí hacer lo básico, empezar de cero… Con dinamismo, entusiasmo, y la certeza de poder logarlo.

Sólo había un camino: **"Estudiar".**

Debía buscar a los que lo habían conseguido, averiguar cómo lo consiguieron. Me pregunté:

¿Qué hicieron diferente del resto de los autores?
¿Cuál fue su secreto?
¿Qué factores los dispararon a posicionarse en Amazon Kindle?
¿Qué estrategia usaron?
¿Cómo llegaron al ranking entre los 100 mejores títulos?

Seguro tuvieron un plan, desarrollaron una estrategia.

Al final, creo que es lo que más nos interesa, conocer sus secretos. Estar entre los mejores, los ganadores, los que se llevan el premio.

Para eso escribimos, para conseguir lectores en todo el planeta.

Queremos que se lean nuestros libros. Un autor sin lectores es un desierto sin un oasis, carece de aquello que lo sustenta.

Sé de muchos autores que han publicado sus libros y no consiguen vender uno solo. Suben sus libros en el portal de Amazon y esperan. Piensan que esto basta para empezar a vender y amasar grandes fortunas. No es así. Un libro no se vende solo. Tendrías que ser un autor muy conocido y buscado o crear la expectativa en las redes sociales y que tu libro sea muy muy bueno.

Como la curva de ventas no se mueve, piensan que hay algo malo en su ordenador.

Madrugas y buscas la página de Amazon sin resultados visibles, al medio día vuelves a buscar y luego en la noche.

Algo no marcha bien. Abandonaron sus libros a su suerte.

El éxito no llega solo.

Debes esmerarte, comprender la importancia de la planificación, saber que deberás invertir tiempo y algo de dinero.

Es curioso. Veo autores que publican libros impresos y le hacen una campaña que da gusto.

Hacen entrevistas en la radio cuentan sus historias, el porqué del libro, salen en los diarios sosteniendo sus libros, hacen campañas en Facebook, lo muestran en LinkedIn, Instagram y otros sitios del Internet.

Crean el deseo de compra en el lector. Lo hacen pensar: ***"Necesito este libro".***

Curiosamente, esos mismos escritores, cuando publican un libro en formato electrónico, piensan que por haberlo publicado en Amazon, la mayor librería del mundo, donde se venden millones de libros, el suyo será un éxito instantáneo.

Que todos lo querrán descargar. Y no invierten tiempo ni dinero, ni crean estrategias para posicionarlo. Lo dejan solo, a ver qué pasa.

No saben que compiten con autores famosos y experimentados, de muchos países, que siente igual que él, que van por el premio mayor y también buscan sobresalir y posicionar sus libros, a como dé lugar, empleando estrategias que no imaginas.

.

Es una batalla entre grandes soñadores, nuevos escritores y autores experimentados. A pesar de esto, puedes tener un golpe de suerte y remontar al top ten de los más vendidos.

Amazon siempre nos muestra ejemplos de autores independientes que han tenido éxito y triunfaron publicando con Kindle Direct Publishing. **(https://kdp.amazon.com)** *Autores que han cumplido sus sueños, como tú quieres cumplir el tuyo.*

Como bien dicen:

"Querer es poder".

CAPÍTULO 3

ALCANZANDO EL ÉXITO

"Sueño con ese libro que te deja el sabor de haber logrado lo imposible".

Cuando inicié, me propuse una meta.

"Dentro de 6 meses, a partir de este día publicaré mi primer ebook", me dije.

En 6 meses entraría oficialmente en la era digital.

Me lo tomé muy en serio. Fueron meses intensos, de mucha preparación, trabajo e insomnio, en los que me desvelé estudiando y averiguando todo lo que pudiera del tema.

Buscando a los mejores para aprender de ellos.

Necesitaba saber:

1. ¿Qué es un libro digital?
2. ¿En qué se diferencia de los libros impresos?
3. ¿Qué dispositivos digitales sirven para leerlos?
4. ¿Qué tipo de formatos se usan para los libros digitales?
5. ¿Qué tipografía es la más recomendada?
6. ¿Existían plantillas que pudiera usar para acortar el camino?
7. ¿Cómo se publican los libros digitales?
8. ¿Qué cuesta publicar uno?
9. ¿Cuántas páginas deben tener?
10. ¿Cuáles son los mejores sitios para publicarlos?
11. ¿Cómo hago la portada?
12. ¿Hay lugares para diseñar las portadas?
13. ¿Qué tamaño debe tener el libro?
14. ¿Cómo lo diagramo?
15. ¿Cómo puedo abrir una cuenta en Amazon?
16. ¿Cómo me pagarán la venta de mi libro?
17. ¿Cómo debía promocionarlo?

Y lo más importante:

¿Cómo logro remontarlo al primer lugar en ventas?

Llegué de la nada. Estudié, me instruí, puse mi empeño y conseguí lo que parecía imposible.

De esto tratará mi libro. Te contaré cómo lo hice.

Una persona que ***nunca antes había publicado un libro digital***, que lo desconocía todo del tema y que se puso una meta, un reto, un sueño para alcanzar.

"Esto es muy sencillo. Si yo a mis 58 años pude, tú sobradamente podrás".

EL SECRETO

Por fin había descubierto el secreto para llegar a la cúspide con mis libros.

Te lo diré todo lo que aprendí, para que tú también puedas conseguirlo.

Un consejo sano:
"Debes ser paciente y perseverante. No te desanimes. Y nunca permitas que te digan que no puedes.".

Luego que mi libro digital llegó a los primeros lugares de ventas, le siguieron otros. Todos estuvieron en ese hermoso pedestal del "más vendido", que tanto nos alegra a los autores. Y que es tan efímero que en unos instantes puede salir del top ten. Sin embargo, "nadie te quita lo bailado".

Debes saber que aún estoy a mitad de camino. Cada día aprendo algo nuevo, interesante, que me ayuda a mejorar la técnica y llegar a más lectores, con nuevas estrategias.

Sigo buscando ese libro con súper ventas, que me permitirá dedicarme de lleno a escribir, sin preocuparme de más por la parte material. Un libro que me permita escribir a gusto, a destiempo, y a disfrutar la vida a plenitud.

No me detendré hasta lograrlo. La meta a la distancia dice: "ÉXITO". No hay otra opción.

Creo que todos merecemos conquistar nuestros sueños y todos podemos lograrlo si nos lo proponemos.

Te contaré algo que pocas veces digo: "Muchas veces me desanimé". No entendía lo de los libros digitales y no me atrevía a subir mi primer ebook. Entonces tomé una resolución que lo cambió todo.

Me dije*: **"NO ME RENDIRÉ".***

ENSAYO Y ERROR

¿Alguna vez has sintonizado una emisora de radio? Debes girar la perilla a la izquierda y la derecha escuchando ruido hasta que encuentras el dial que buscabas y disfrutas tu programación favorita.

Así fue como lo hice con mis libros digitales. Ensayo y error. Apretaba unas tuercas, aflojaba otras… Aprendí en el camino, mientras avanzaba y aun aprendo, cada día algo nuevo, interesante y lo pruebo.

Cuando empecé con el tema de los libros digitales, busqué ayuda. A todo el que podía le preguntaba: "¿Qué es un ebook? ¿Cómo puedo publicar uno?"

Algunas explicaciones para auto publicar un libro electrónico me parecían tan confusas que decidí intentar un camino diferente.

Uno nuevo, propio. Tal vez conseguiría hacerlo más sencillo. Al menos debía intentarlo.

No encontraba quién me explicara con claridad absoluta cómo conseguirlo. Y cuando le preguntaba a un escritor que en ese momento estaba auto publicando, sus respuestas eran siempre lacónicas e incompletas:

"Es muy fácil. Inténtalo. Amazon te lo explica".

"Amazon te permite publicar ebooks o libros digitales ganando hasta un 70% de regalías, libros impresos y audio libro con herramientas gratuitas. Eso es lo sorprendente… Es gratis, muy fácil".

Parecía un dogma y yo seguía sin entender nada.

Recuerdo en el colegio a un profesor de historia que nos decía que debíamos cuestionarlo todo, hasta los libros, porque no existía una verdad absoluta.

Un libro de matemáticas, al resolver una ecuación te mostraba una forma de lograrlo. Seguramente podían existir otras que no se habían intentado.

Y fue lo que hice. Busqué una fórmula en la que podía moverme con libertad y probar diferentes caminos. A los seis meses, más enredado que un brillo de lavar platos de cocina, lancé mi primer libro digital.

Apenas podía creerlo.

¡Por fin tenía mi libro en Amazon!

Entonces me entró la duda.

¿Cómo saber si se podía leer sin dificultades? Había seguido las recomendaciones que suelen dar para ordenar tu libro digital.

Pero no sabía si estaba bien.

Nunca había comprado un libro en Amazon y le pedí a algunos amigos que lo compraran y me dieran sus opiniones francas. Necesitaba de ellos la verdad. Saber si mi libro destacaba o si les parecía que no valía la pena adquirirlo.

Tus amigos siempre se acercan para animarte con un: "Qué libro más bueno, me encantó". Yo necesitaba mejorar y aprender y les urgí a la franqueza.

La mayoría me dijo que el libro estaba bien, pero llegó uno que me dijo: "La diagramación es horrible, está mal, igual la portada, no da ánimos para comprarla".

Casi lo abrazo. ¡Por fin! Conocía en que había fallado: Tenía una mala diagramación del libro digital y una pésima portada.

Empecé por allí. Debes empezar por algún lado cuando sintonizas la emisora. Y volví a estudiar. De nuevo busqué cómo se diagrama un libro digital para que tenga un buen formato y cómo podía mejorar mis portadas para hacerlas atractivas…

Bajé una PLANTILLA para la diagramación. Sólo debía copiar y pegar. Más sencillo no podía ser. Y es la que aún uso.

Y me tomé mi tiempo para mejorar notablemente mis portadas. Ahora son más coloridas, llamativas y los títulos se pueden leer con claridad.

UN BUEN CONSEJO

¿Quieres un buen consejo?

Una vez que hayas subido tu primer libro en Kindle, te lo aprueben y aparezca en línea, cómpralo. ***Sé tú el primer lector de tu libro digital.***

Baja en dispositivo digital el apps de Kindle y descarga tu libro. Podrás verlo tal cual lo verán tus futuros lectores. Te ayudará a revisarlo de nuevo, con calma y mejorarlo un 100%

Amazon te permite corregir y subir tu libro al sistema tantas veces como quieras. Tienes esa libertad. Esto es lo maravilloso de este sistema.

Cuando publicas emocionado tu libro en papel, lo escrito queda, nada puedes hacer. Con los errores que no viste. Algunos autores incluyen un cartón con "Fe de erratas (errores)" al final del libro. Da una pésima impresión.

Con los libros digitales esto jamás pasará. Corriges tu libro, cambias las palabras que necesitas, lo vuelves a subir y ¡Listo!

Antes de publicar un libro, lo paso por muchos filtros. Correcciones de diseño, diagramación, ortografía… Cuando lo encuentro "perfecto" lo subo en Amazon.

Iluso de mí, nunca alcanzarás la perfección.

Compra tu libro y descárgalo.

Te vas a sorprender.

Encuentro tal cantidad de errores que ni me lo creo.

¿Cómo es posible?

Porque la vista engaña. A veces estamos cansados y pasamos por alto lo evidente y que debiéramos corregir y cambiar a la primera.

ESCRIBE UN LIBRO INTERESANTE

Mi hermano solía decirme:
"Busca una necesidad, súplela y tendrás un negocio".

De ti depende que tu libro aporte algo interesante al lector y que sea irresistible.

Hay algunas preguntas básicas:

1. *¿Para quién escribes?*
2. *¿Cuál es tu lector ideal?*
3. *¿Qué puedes ofrecerle?*
4. *¿Qué sabes hacer?*
5. *¿Qué te apasiona?*

Escribe sobre lo que sabes, no inventes palabras ni cosas. Nadie puede escribir sobre lo que no conoce.

El lector inteligente capta enseguida cuando el autor lo está ayudando a solucionar un problema, o está recreando nuevos mundos para entretenerlo con una lectura agradable.

Piensa: "*¿Qué puedo aportar?*"

Dale al lector algo que necesite saber.
Debes crearte una disciplina para escribir.

EL BLOG
QUE ME AYUDÓ

Cuando estuve en esa búsqueda y andaba desorientado, de casualidad me topé con un blog escrito por dos hermanos.

Se llama: "Ebook Hermanos".

Personas buenas que encuentras en el camino de la vida, y allí estaban ellos. Me hice asiduo a su blog y me suscribí para recibir las novedades. Quería estar al día, bien informado. Necesitaba saber…

Este es su enlace, en caso que te interese:

www.ebookhermanos.com

Te orientan y te muestran cómo publicar tu primer ebook en el portal de Amazon, paso a paso.

Puedes **descargar GRATIS un tutorial** muy interesante para auto publicar tu libro por primera vez.

También te enseñan:

Cómo conseguir un diseño atractivo para tu portada.
Cómo dar formato a tu ebook.
Cómo promocionar correctamente tu ebook.

Lo administran **Eduardo Archanco,** autor de una novela *Best Seller,* ***"El Consultor"***, y su hermano Peio.

Te sugieren seminarios interesantes. Ya me he tomado un par. Y hacen entrevistas a autores destacados que nos cuentan sus secretos.

Seguro te has de preguntar por qué hablo de Ebooks Hermanos, cuando debiera concentrarme en mi libro, en promocionar mi nombre como autor.

La respuesta es simple:
"Porque estoy agradecido".

Cuando di mis primeros pasos les escribí, me respondieron amablemente y aprendí muchísimo con su blog.

Sé que también te ayudará a ti.

* * *

Con el tiempo se forma una comunidad de escritores Kindle. Sé parte de ella. Estudia, aprende, publica tus libros, esfuérzate, aprende a mercadear tus ebooks y no te desanimes.

En Internet encontrarás muchos recursos para ayudar a los escritores. Aprovecha que están allí para ti. Papyrus es un buen ejemplo de ello.

http://papyrus.yourstory.com/es

Nada es fácil en la vida, los obstáculos son muchos, pero vale la pena el esfuerzo. Lo vas a conseguir. ¡Vas a triunfar! Te acordarás de estas palabras cuando lo consigas. ***Y me dirás:***

"Claudio tenía razón".

Antes que empieces te lo advierto: En Internet encontrarás muchas opiniones y explicaciones de autores que han llegado al top ten de Amazon. Usaron estrategias diferentes.

LAS 8 ESTRATEGIAS

Deseo aclararte que es un camino en el que siempre podrás encontrar estrategias y *puntos de* vista diferentes. Algunas complicadas, otras sencillas. Planificaron, trabajaron con pre-ventas, crearon expectativas a sus libros, hicieron un video publicitario (Book tráiler).

Te estoy ofreciendo lo básico para que publiques tu primer libro, las herramientas que usé cuando empecé este camino y que impulsaron mis publicaciones.

Es un secreto a voces. Son **8 estrategias** que debes tener en cuenta al momento de publicar tu libro digital en Kindle Amazon, para que pueda ser visible, llegar a los lectores, y convertirse en un Best Seller.

No busques nada complicado como una formula algebraica. Espera una estrategia que está a tu alcance y de otros como yo que conocemos poco de la tecnología y las computadoras.

Somos escritores por vocación y simplemente queremos publicar una obra y que nuestro libro sea leído. Así de sencillo.

Esa es la idea, que al publicar tu primer libro digital lo hagas bien, con las herramientas adecuadas. Y consigas destacar entre los demás.

¿Cómo lograrlo?

Estos son los 8 pasos. Muy simples, más de lo que imaginas. Ya te he adelantado algunos.

1. Aprende sobre los libros digitales: qué son, dónde se publican, cómo se leen, porque están cambiando la forma como vemos al mundo. Brinda al lector una buena descripción de tu libro, sé cuidadoso con las palabras claves y ***haz una portada de lujo.***

2. Estudia marketing digital, te ayudará a promocionar tu libro.

3. En Internet encontrarás muchos cursos y seminarios interesantes. Y luego invierte algo de dinero en promocionar tu libro. Que el mundo lo conozca.

4. Crea tu página de autor en Amazon, es una herramienta poderosa para darte a conocer. Y aprovéchala lo mejor posible.

5. Escribe un buen libro, busca un tema que sirva de inspiración a otros y que de alguna forma los ayude. Pregúntate qué sabes hacer, qué conocimientos tienes para compartir, qué habilidades les servirían a otros.

6. **Crea tu página web y un blog para tu libro**.

Yo hago mis páginas web con WIX. Una herramienta muy sencilla con plantillas estupendas.

https://www.wix.com

7. Comparte la buena noticia de tu libro con todo el que puedas.

No dejes solo a tu libro una vez publicado. Los libros necesitan el acompañamiento de sus autores.

8. Revisa los informes de tus ventas constantemente, son una herramienta muy valiosa que te ayudarán a tomar las mejores decisiones.

* * *

Habiendo hecho esto…

¡NUNCA TE RINDAS!

En varias ocasiones me he desanimado. No pienses que será fácil. Debes ser persistente, creativo, **ponerle corazón a esto.**

No te preocupes, vas a poder lograrlo.

Si yo a mis 58 años pude colocar 3 libros en el No. 1 del Top Ten de Amazon, tú también podrás.

CAPÍTULO 4

PUBLICANDO EN AMAZON

CÓMO CREAR TU CUENTA EN KINDLE AMAZON

Antes de continuar leyendo este ebook debes abrir una cuenta en Kindle Amazon.

Es lo más sencillo y si tienes dudas, ellos te van guiando paso a paso.

Todo lo que vas a necesitar en una dirección de email y una contraseña.

Es totalmente GRATIS.

Amazon te ayuda mucho para que puedas ingresar sin ningún problema. Además existen una gran cantidad de tutoriales en Internet.

Lo primero es registrarte. Crear tu cuenta.

Te dejo el enlace.

https://kdp.amazon.com

AQUÍ PUEDES **REGISTRARTE Y ABRIR TU CUENTA.**

Existen muchos tutoriales en YouTube. Te recomiendo:

Cómo Crear una Cuenta en Kindle de Amazon. Tutorial Paso a Paso y en Español.

En lo personal éste ***me sirvió para crear mi cuenta*** en KINDLE DE AMAZON y me permitió subir mis libros digitales en su portal. No te preocupes. Es sencillísimo abrir tu cuenta.

Luego que tengas tu cuenta abierta podemos seguir con este libro. *¿Listo?*

•

¡FELICIDADES!

Ya puedes comenzar a publicar e incluso comprar libros que te interesen.

¿CUÁNTAS PÁGINAS DEBE TENER MI EBOOK?

Un ebook en Amazon puede tener de 35 páginas en adelante.

Es algo sorprendente. Hay libros que se venden muy bien y parecen unos folletos. Pero brindan al lector algo que le interesa mucho, que lo ayuda en un campo del saber.

Con el tiempo puedes agregarle páginas, corregirlos, e incluir enlaces interesantes.

Cada cierto tiempo cambio las portadas y actualizo los títulos.

Las portadas son fundamentales.

Un producto se vende por su etiqueta. Un libro por su portada.

Hay escritores que convierten sus blogs en libros. No hay límites para que lo que puedes hacer si eres creativo.

EL INTERIOR DEL LIBRO
¿QUÉ ORDEN DEBE LLEVAR?

Éste es el orden que seguí por primera vez en mis libros digitales. Quise seguir al pie de la letra las indicaciones de algunos expertos… y no todo salió como esperaba.

Título con nombre del autor
Dedicatoria
Breve biografía del autor
Una breve descripción de por qué escribí el libro
Índice
Cuerpo del libro
Final
Enlaces a otros libros, a tu blog o tu página web
Solicitud de una reseña al lector
Agradecimientos

Amazon tiene un programa opcional de **Kindle Unlimited** (KU) que beneficia a lectores y autores.

Los usuarios pagando una suma mensual muy baja pueden acceder más de un millón de ebooks, tantos libros como le apetezca y que estén inscritos en este servicio.

¿Y qué gana el autor que inscribe su libro allí?

Ganas lectores. Reseñas. Y además te pagan por página leída de tu libro.

Amazon tiene un fondo global y recibes "ingresos adicionales" que siempre caen bien.

Amazon contabiliza las páginas leídas en todo el mundo de tu libro y te paga por ello.

El único inconveniente es que no puedes vender tu libro digital en ningún otro portal mientras estés inscrito.

Debes darles exclusividad por 90 días. Pero si lo piensas bien,

Amazon es la mayor librería del mundo, por lo que bien vale la pena hacer una prueba.

Yo inscribí mis libros en Kindle Unlimited y esperé.

En la sección de "INFORMES" de Kindle, te presentan una gráfica para que puedas dar seguimiento a las páginas que están leyendo de tu libro.

La gráfica de páginas leídas de mis libros empezó a cobrar vida.

Subía y de pronto, inesperadamente, bajaba.

Otra vez, la línea de la gráfica va hacia arriba, qué emoción, ¡Están leyendo mis libros!

¡Súbitamente se desplomaba!

Los lectores estaban abandonando mis libros entre las páginas 8 y 15. No leían más allá.

¿Por qué? ¿Qué estaba ocurriendo?

Me preparé para averiguarlo.

No puedes ser indiferente y dejar tu libro solo. Debes darle seguimiento y ajustar en el camino lo que sea necesario.

Regresa sobre tus palabras leídas y mira nuevamente el orden que di a los libros.

Descubrí que los lectores los abandonaban entre la biografía del autor y la descripción de por qué escribí el libro. Sencillamente NO LES INTERESABA.

Querían leer el libro no mis explicaciones del mismo o conocer quién era yo. Después de todo, ¿para qué deseas conocer un autor del que no has leído nada?

DECISIONES IMPORTANTES

Cambié el orden de todos mis libros.

La biografía y la explicación de por qué el libro los pasé para el final junto a la solicitud de una reseña.

Título con nombre del autor
Dedicatoria
Índice
Cuerpo del libro
Final
Quién es el autor
Por qué escribí este libro
Solicitud de una reseña
Enlaces a otros libros, a tu blog o tu página web
Agradecimiento

Como vez, el lector pasa directo al cuerpo del libro. Y RESULTÓ. Empezaron a leer más páginas del libro hasta que los terminaban.

Lo segundo que hice fue revisar si funcionaban bien los diferentes enlaces que le agregué al libro digital:

EL ÍNDICE
ENLACES A OTROS LIBROS
ENLACES A MI BLOG
ENLACE PARA IR A LA PÁGINA DE RESEÑAS
EL ENLACE A MI PÁGINA WEB

Cuando escribes un ebook para Kindle debes crear una TABLA DE CONTENIDOS con el índice. Y que tenga enlaces a las diferentes Capítulos. Bastará un "clic" para que los lleve directamente al capítulo que desean leer.

Es muy importante darle un vistazo a TODOS los enlaces que incorpores en un ebook. Deben funcionar bien.

Normalmente las plantillas para ebooks, cuando las descargas vienen con una tabla de contenido funcional. Sólo tienes que actualizarla al terminar tu libro y listo. Eso es todo.

¿QUÉ FUENTES DEBO USAR?

Esta es una parte muy importante y hay muchas opiniones sobre el tipo de letra que debes usar. La clasificación tipográfica es muy interesante y suele dividir las letras o fuentes en varios estilos o categorías interesantes:

SERIF
SANS SERIF
Manuscrita
De Exhibición
SÍMBOLOS ♒♋♌⬧⬥♎♑□○

Solemos usar con frecuencia dos tipos de fuentes

Serif y Sans Serif

Serif (letras con serifa, ese pequeño rabito al final de la letra) o las **sans serif** (letras sin serifa)

Sans viene del francés *"sin"*, es decir un tipo de letra sin remates o adornos en los bordes, a la que también llaman palo seco.

Y serif tiene estos pequeños remates (adornos) en los bordes que la hacen apropiada para un trabajo escolar o universitario, o un libro impreso en papel como Times New Roman que es una de las más usadas.

He usado en todos mis libros digitales fuentes Sans Serif. / Helvética.

Y en el interior de todos mis libros impresos en papel he utilizado tipografía serif. / Times New Roman.

Yo escogí para mis libros digitales la fuente **HELVÉTICA**. Que es una tipografía san serif justo por su comodidad para leer en la pantalla de un dispositivo digital.

Puedes usar también Arial o **Calibrí** si te sientes cómodo con ella.

¿Y EL TAMAÑO DE LA FUENTE?

Esta fue mi selección personal:

TITULOS

Usé tamaño 18 con letra BOLD

SUB TÍTULOS

(Para los capítulos) usé tamaño 14

PÁRRAFOS

Usé tamaño 12 y en algunos casos 13

¿QUÉ PROGRAMA USÉ PARA ESCRIBIR MIS LIBROS?

Usé una plantilla de Microsoft Word (Doc.).

¿Cómo la conseguí? Basta que escribas en el buscador de google:

Plantillas Kindle - Word a Kindle

KDP admite este formato y da un buen resultado al momento de convertir tu ebook a formato Kindle.

Cada autor tiene un programa de su preferencia. Éste es el mío. Sencillo, práctico y lo conozco bien.

¿CÓMO DISEÑO MIS PORTADAS?

¿Sabías que lo primero que atrae la atención de un posible lector a tu libro es la portada? *Por ello debes tomarla "muy en serio", no hacerla a la ligera.*

Tu libro tiene que destacar entre cientos de miles. Y esto lo haces con la portada. Es un reflejo del contenido del libro.

Disfruto mucho recorriendo las estanterías de Amazon en busca de portadas que destacan por la calidad de su imagen, los colores vivos, una tipografía espectacular y un título llamativo. Las estudio y así voy mejorando las mías.

Y aunque todos sabemos que "no se puede juzgar un libro por su portada", es lo que hacemos siempre.

La portada es lo primero que ve un lector y debe agradarle, llamar su atención, crear en él interés, una gran expectativa y el deseo de adquirir el libro.

¿Qué no debes hacer?

Nunca uses imágenes de mala calidad, ni trates de *poner toda la información* en la portada, para eso están las páginas interiores.

Como no cabe lo que deseas poner, usas una micro letra que NADIE entiende ni puede leer.

Si no tienes idea de cómo conseguir una portada atractiva, no lo intentes.

BUSCA UN PROFESIONAL.

Para las portadas tenía cuatro opciones:

1) Diseñarla con Adobe Ilustrador.

2) Pagar a un diseñador profesional en **FIVERR (www.fiverr.com)** para que me la hiciera.

3) Usar los servicios gratuitos que te brinda Kindle de Amazon para diseñar tu portada.

Y por último…

4) hacerla con el programa ***CANVA***

   (www.canva.com) que usa plantillas y diseños muy interesantes muy sencillos de dominar.

Decidí usar CANVA por los buenos resultados que daba y por su facilidad para diagramar las portadas.

CINCO CONSEJOS

Estos consejos, muy buenos, los recibí de un autor de libros digitales con experiencia.

1) El libro debe leerse con gusto y contar con un título interesante, que atraiga.
2) Como Amazon le permite a tus lectores visualizar las primeras páginas del libro, pon un contenido que sea atractivo, interesante, que enganche.
3) La portada debe diagramarse con colores llamativos y el título debe leerse con facilidad.

4) Abre tu celular / móvil/ y busca tu libro en Amazon. Mira su portada, compárala con otras de temas similares.

5) Pon algunos testimonios breves de lectores en la portada de tu libro. Siempre impacta e impulsa a comprar tu libro.

¿Crees que tu portada engancha? Solo hay dos respuestas posibles: Sí o no. No busques un tal vez.

Si tu respuesta es "NO", te recomiendo usar los servicios de un diseñador gráfico en FIVERR. Es muy económico. ***Hacen diseños de calidad.***

¿ES IMPORTANTE EL TÍTULO?

Hagamos un alto aquí.

Diseñaste una portada llamativa, enganchaste a un posible lector. Tienes segundos para convencerlo que se quede y lea un poco de tu libro, que abra la reseña y se interese en continuar.

El segundo enganche es el TÍTULO.

Este es el momento de atrapar a tus lectores. ***El título le dirá si le interesa tu libro.***

¿Cómo piensas elegirlo? ¿Es largo o corto? ¿Cómo se va a llamar tu libro?

Menudo problema, ¿verdad?

En lo personal me gustan los títulos cortos, los clásicos, aquellos que llevan sustantivos con adjetivos. Mientras más breves mejor. Y que te orienten sobre el contenido de tu libro.

Leyendo el libro seguro podrás encontrar buenas ideas para tu título. Antes de tomar una decisión elige varios títulos y sométetelos a una ***"lluvia de ideas***" con tus amistades.

La pregunta es sencilla. Si ven un libro con una bonita portada, con cuál título lo tomarían para llevarlo a casa y leerlo. Dales algunas opciones.

Los que mejor conocen del tema sugieren:

Que sea corto y directo.

Que incorpore una o varias palabras claves (por el tema de los buscadores de Internet, para que lo encuentren con facilidad).

Que muestre un beneficio al lector. (Básicamente qué va a encontrar en tu libro)

Un consejo que a mí siempre me ha servido. Mira los libros publicados por Amazon. Busca en los Best Sellers los libros que tengan que ver con la temática que has escogido. Lee los títulos. ***¿Cuál llamo tu atención? Pregúntate por qué.***

Tu título debe enganchar, ser encontrado con facilidad por los buscadores de Internet y Amazon y luego ser recordado con facilidad por tu lector.

Ofrece una buena experiencia, promete algo que valga la pena.

Yo suelo iniciar mis libros de auto superación con un:

"Cómo…."

Ejemplo:

"Cómo superar los momentos de Dolor".

Ofrezco algo que beneficia al lector, y que lo ayuda a solucionar un problema.

Los lectores también quieren distraerse, leer una buena novela, un libro de aventuras, o relatos.

Amazon te permite poner un sub título. Escógelo con cuidado, y procura colocar al menos una palabra clave en el mismo.

Sorprende a tu lector.

Conquístalo.

CATEGORÍA

Es tu nicho de mercado

Llegas a una librería y preguntas por la sección de novelas. "Al fondo, sección 2B", te responde la dependiente. En Amazon es básicamente lo mismo.

Con la categoría defines el género de tu libro, dónde debe ir ubicado para que lo encuentren con facilidad. No vas a colocar un libro de medicina en la sección de historia, o un libro de arquitectura en la sección de cuentos.

La CATEGORÍA es la clasificación que usan en las librerías para poder encontrar un libro:

Biografías - Novelas - Escolar - Psicología Medicina - Hogar - Auto Ayuda

Hay dos categorías básicas, ***libros de ficción y libros no ficción***. Dentro de estas hay cientos de categorías adicionales.

Mira con cuidado y elige la categoría que tenga más afinidad con tu libro.

NO TE EQUIVOQUES. UNA CATEGORÍA CORRECTA MUCHAS VECES ES LA DIFERENCIA ENTRE VENDER O NO TU LIBRO.

Y si te equivocaste, pues no pasa nada. Podrás corregir por ensayo y error cuantas veces sea necesario.

Recuerda... Son dos categorías básicas, libros de ficción y libros no ficción. Y dentro de ellas se encuentra un mundo de subcategorías. Revísalas con cuidado y busca la que más se asemeje al tema de tu obra.

Hace poco leí en un reciente estudio que la "NOVELA ROMÁTICA" encabezaba el gusto de los lectores Kindle. Pero esto es algo cambiante. También puedes entrar en tienda Kindle y hacer "clic" en Ebook Kindle, busca "los más vendidos". Haz tu propio estudio y decide qué tipo de libro deseas escribir.

LA REVISIÓN DE TU LIBRO

Una buena ortografía es vital para que el libro guste.

Uso el corrector que tiene incorporado WORD y luego le paso el libro a Vida mi esposa para que le dé una revisada.

Por último, leo el libro como su fuese un lector que lo ve por primera vez, sólo que Voy en busca de errores ortográficos.

La calidad de tu escritura es fundamental, nadie desea leer un libro plagado de errores, además, si alguien te lo llega a reseñar te daría un pésimo puntaje y una mala valoración ***alertando a posibles lectores que no lo compren.***

IMPORTANTE:

¡Cuidado! Tu libro no debe tener errores gramaticales.

Pide alluda
Pide ayuda
Pide ajuda

Es como lo insultaras al lector inteligente. Cuida mucho este aspecto del libro, usa correctores a tu alcance, como el que ofrece Word. Pide ayuda a un amigo o amiga que conozca bien la gramática.

No te apures en publicar tu libro.

Una simple coma o un punto, lo cambia todo. Como aquél anuncio que decía:

....

PROHIBIDO FUMAR GAS INFLAMABLE.

....

LAS RESEÑAS

¡Cómo ayudan a vender tus libros! Es innegable.

Te pregunto, ***¿qué libro estarías dispuesto a comprar?,*** uno con bastantes reseñas de sus lectores o uno al que nadie ha valorado.

Las reseñas venden. Por eso debemos ir en pos de ellas. Pero no las inventes ni uses reseñas falsas o compradas, Me parece que Amazon demandó y dio de baja de sus páginas a más de 1000 usuarios el año pasado por esta mala práctica.

Las primeras reseñas puedes conseguirlas de lectores cercanos a ti, amigos, compañeros del trabajo. Pídeles que lean tu libro y lo valoren con sinceridad.

Una reseña debe ir acorde al libro, nunca exagerar. (Qué hermoso, qué maravilla de libro, el mejor ebook que he leído alguna vez…)

NUNCA pongas reseñas de tu esposo, tu esposa, tu mamá (que seguro hablará maravillas de tu libro), o tus hermanos. Lee quita crédito a tu libro y Amazon lo penaliza.

A menudo me pregunto cuál es la fórmula mágica para conseguir reseñas para mis libros.

1) ¿DEJANDO UNA SOLICITUD AL FINAL DEL LIBRO?
2) ¿OFRECIENDO UN PREMIO a CAMBIO?
3) ¿COLOCANDO TU LIBRO GRATIS POR UNOS DÍAS PARA QUE CONSIGAS LECTORES RÁPIDO y TE DEJEN RESEÑAS?
4) ¿COMPRANDO RESEÑAS? No te lo recomiendo. Demerita tu trabajo como escritor.
5) ¿HACIENDO UNA PROMOCIÓN?

Yo suelo poner al final del libro una nota sencilla solicitando una reseña y agradeciéndola.

Pon un enlace directo a la página en Amazon donde pueden reseñar el libro para que el lector no pierda tiempo buscándola.

Hasta ahora menos del 10% de los lectores han dejado reseñas.

Sigo probando y aprendiendo. Esto es lo que más disfruto de este trabajo. Siempre hay cosas nuevas por descubrir.

En estos días un lector me dejó una reseña desfavorable. ¿Qué hacer en estos casos? Vivir y dejar vivir. No te mortifiques, sigue adelante. Procura tomar esta reseña negativa como una llamada de atención. Y aprovecha para mejorar tu libro en todo lo que puedas.

Agradece que alguien se preocupara por valorar tu libro. Muchos lectores no lo hacen nunca.

¿Sabías que Amazon te permite mejorar tu ebook, corregirlo cuantas veces quieras y luego volverlo a subir al sistema?

¿Qué COSAS NO NECESITAS?

1. No necesitas un número ISBN

Amazon te asigna un número único **ASIN para identificar tu libro y ponerlo en su librería.**

2. No necesitas numerar las páginas de tu libro.

Un libro digital es totalmente diferente a un libro rígido de papel.

Como se va a leer en diferentes dispositivos electrónicos el número de la página puede variar.

3. No necesitas Justificar.

Siempre alineo los textos a la izquierda. Esto le permite al lector leer sin que se estiren los textos porque han quedado fijos y también ayuda en la conversión del mismo a diferentes tipografías, de acuerdo al gusto del lector Kindle.

CÓMO PROMOVER TU LIBRO

Existen muchas maneras efectivas de promover tu nuevo libro. Te recomiendo estudiar algo de marketing y que inviertas dinero sabiamente en la promoción de tu libro, igual que inviertes dinero en un negocio.

Debes dedicarle tiempo, esfuerzo y también dinero a tu libro. Ponlo a circular.

Cada noche, cuando mi familia se acuesta a dormir, invierto una hora estudiando el tema. Aprendo sobre libros digitales, su estructura, diagramación, las portadas, los colores de estas, la tipografía, las páginas web y me paseo por el portal de Amazon revisando las novedades y los títulos que han logrado remontar hasta ser Best Sellers.

Busca en Amazon **"Los más vendidos"** y podrás revisar categoría por categoría, las preferencias de los lectores.

¿Qué categoría son? ¿Qué tipos de libros se están leyendo? ¿Cuáles son los temas más buscados?

Con esta información puedes trabajar tu libro y enfocarlo en los gustos de los lectores.

Debes saber de antemano a quién le estás escribiendo, quiénes son tus lectores.

Yo suelo ir contracorriente y publico los libros pensando que tengo un mensaje importante que dar, algo que aportarle a todos: jóvenes, adultos, hombres, mujeres, sin distinción de raza o edades.

En este momento en Amazon de México tengo un **No. 1 en ventas.** Se encuentra en la categoría "MOTIVACIÓN Y AUTOAYUDA".

Me he dado cuenta que hay un hambre de espiritualidad, las personas buscan respuestas a sus inquietudes y no saben cómo hallarlas.

La mayoría de mis publicaciones son libros digitales de auto superación. Les enseño a las personas a no rendirse ante la adversidad a buscar sin descanso las respuestas que necesitan para continuar sus caminos.

Hay algunos **gurús del marketing digital**, expertos en Amazon, que te sugieren poner tu libro gratis un tiempo. Esto hace que los lectores lo lean, y de golpe subas en Amazon como un "Top Rated" en la categoría de gratuitos o que te dejen reseñas a cambio de leerlo sin costo.

La experiencia me ha enseñado que pocas personas valoran las cosas que ofreces cuando son gratuitas. Por lo general, le das valor a lo que te cuesta, por ese motivo pocas veces los ofrezco sin valor. Pero hay algunas excepciones.

Una sugerencia. Si no deseas poner tu libro gratis, puedes promoverlo en 0.99 centavos durante un tiempo para que estimules su lectura y te dejen reseñas.

Hay otras maneras de promover tu libro

1. UN BOOK TRAILER
2. UN BLOG que mejorará tu posicionamiento. Te hará visible.
3. PAGINA WEB con una sección de ventas para cada uno de tus libros.
4. Publicaciones en TWITER
5. Anuncios en FACEBOOK

Mientras escribo este libro voy descubriendo nuevas herramientas de Kindle que te permiten posicionar tu libro. Voy a probarlas cada una y te estaré contando los resultados.

Este es el enlace para las diversas promociones que podrás hacer.

Una estupenda es

INSTANT KINDLE PREVIEW

Le permite ver un adelanto de tu libro al lector y de paso si le gusta con un simple clic comprarlo y descargarlo a su aparato digital.

El enlace te manda a la página de Amazon donde te explica cómo usarlo.

UN BOOK TRAILER

¿Tienes un book tráiler para tu libro?

Hay muchas formas de hacer un tráiler para tu libro.

Puedes pagar a un profesional que lo haga o intentarlo tú mismo. YouTube tiene buenos tutoriales que te enseñan.

He trabajado dos tráilers para la promoción de este libro. Te los mostraré uno:

Abre YouTube y escribe en el buscador:

Estrategias para publicar en Amazon tu primer libro y llegar al top 10 de los más vendidos.

Quería hablar de este libro y lo que puedes esperar de él. Nunca antes había hecho un book tráiler. Y seguro esta experiencia enriquecería mi vida como escritor.

Nos preparamos en detalle.

Primero revisamos algunos videos de book tráilers. Eran emocionantes. Te anunciaban un libro, mostraban pequeños fragmentos, de fondo una música que engancha, y quedas con ganas de leerlo.

Necesitábamos:

Un Demo del libro impreso...

Imprimí digitalmente la portada y la coloqué sobre otro libro.

¿La localización?
Una hermosa tienda de muebles, con una cafetería estupenda y jardines. ¡Era el lugar perfecto!

¿Los actores?
Mi esposa Vida y yo.
¿Quiénes mejor que nosotros? Tenemos pasión por lo que hacemos y conocemos todo lo que este libro puede ofrecerte.

¿El Guión?
Nos preguntamos qué deseamos mostrar, ¿qué era importante? ¿Cuál es el objetivo de este tráiler?

Queríamos presentar el libro por un escritor que empezó de cero y está conquistando sus sueños. Decirte que también tú puedes, que no es tan difícil como parece o te han hecho creer.

LO MÁS IMPORTANTE.
Ser honestos en nuestras palabras.

Crear expectativas en el lector, decirle por qué debía leer mi libro.

Dividimos el tráiler en tres partes. Primero presentación, en el centro algunas palabras, y cerramos con fotos del libro.

Filmamos varias veces los diálogos en diferentes ángulos hasta encontrar la mejor toma.

¿Cuánto nos costó?

Veamos.

1. Dos cafés US 5.00
2. Localización Gratis (pedimos permiso a los propietarios)
3. El guión lo hicimos nosotros
4. Los actores (están firmando autógrafos….
5. Es una broma, fuimos mi esposa Vida y yo)
6. ¿Los equipos de filmación? El celular de mi esposa.

Total invertido: US$5.00

En casa bajamos del teléfono móvil los videos.

Usé en mi computador el programa WINDOWS MOVIE MAKER (puedes bajarlo del Internet).

Hay muchos otros programas que puedes comprar en Internet para editar videos. Usamos Movie Maker porque estaba disponible y es muy fácil de usar.

El tráiler tenía que ser sencillo, corto y fácil de entender.

Mientras hablamos, se escucha la música de fondo de la cafetería.

Lo más importante era disfrutarlo, pasarla bien y transmitir nuestro mensaje. ¿Qué sentido tiene hacer algo si no lo disfrutas?

Debes tener pasión por lo que haces para poder contagiarla a los demás.

¿Sentimos que lo conseguimos? Mira los trailers. Son artesanales. Pero, ¡nos encantaron! Sabemos que nos falta mucho por aprender y esto es fantástico.

Es emocionante. Te muestro otro tráiler que hice de un libro motivacional y que en este momento estoy promocionando en FACEBOOK.

Con lo que aprendimos, estamos muy contentos y planeamos un nuevo tráiler, más profesional.

Buscaremos un mejor programa (pagado) para editar videos y nos divertiremos en grande.

Un detalle. Lo disfrutamos enormemente, fue emocionante. ***Y el café estaba delicioso.***

En YouTube puedes hallar algunos ejemplos de ***trailers de libros*** *muy interesantes. Estúdialos. Dales una mirada, toma lo mejor de cada uno, para que logres un tráiler que entusiasme a los lectores y quieran leer tu libro. .*

Así que ANÍMATE. *Haz un tráiler interesante para tu libro y compártelo con el mundo.*

CÓMO COLOCAR TU LIBRO EN UNA PROMOCIÓN "GRATIS" POR 5 DÍAS

¿Por qué hacerlo?

1. *Consigues lectores.*
2. *Tendrás mayor visibilidad en los escaparates de Amazon.*
3. *Te dejarán las reseñas que tanto necesitas.*

Para cualquier lector de libros digitales, ***la reseña de un libro es importante,*** le indica si vale la pena leerlo o no.

Un dato importante, escoge los días con cuidado. Tal vez dos fines de semana, cuando los lectores buscan libros de autores independientes.

Avisa en las redes sociales de tu promoción.

Recuerda… **"Lo que NO SE ANUNCIA, NO SE VENDE".**

PASOS PARA OFRECER GRATIS TU LIBRO

Sígueme…

Inicia tu sesión como usuario en KDP accediendo a **http://kdp.amazon.com**

Se abre en la sección de BIBLIOTECA donde podrás ver todos tus libros publicados.

Busca el libro que vas a promover y haz clic en "Promocionar y anunciar".

Se abre la página Kindle Countdown Deals.
Busca:

REALIZAR UNA PROMOCIÓN DE PRECIO

Hay un enlace que dice:

◉ Promoción de libro gratuito

Haz clic allí.

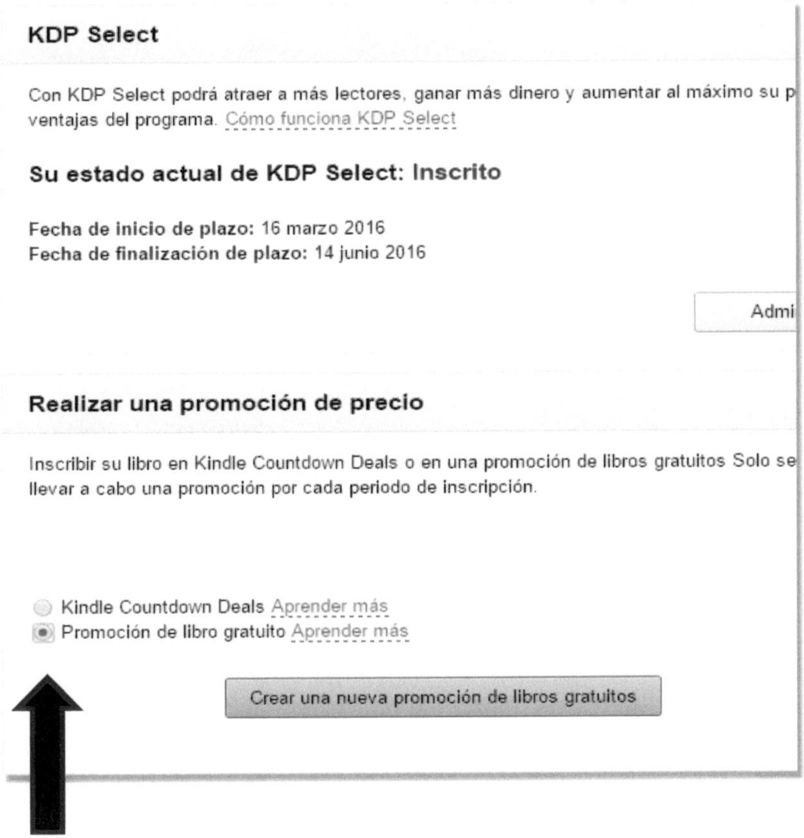

KDP Select

Con KDP Select podrá atraer a más lectores, ganar más dinero y aumentar al máximo su p
ventajas del programa. Cómo funciona KDP Select

Su estado actual de KDP Select: Inscrito

Fecha de inicio de plazo: 16 marzo 2016
Fecha de finalización de plazo: 14 junio 2016

Admi

Realizar una promoción de precio

Inscribir su libro en Kindle Countdown Deals o en una promoción de libros gratuitos Solo se
llevar a cabo una promoción por cada periodo de inscripción.

Kindle Countdown Deals Aprender más
Promoción de libro gratuito Aprender más

Crear una nueva promoción de libros gratuitos

Se abre otra ventana donde escoges la Fecha de inicio y la Fecha para finalizar tu promoción.

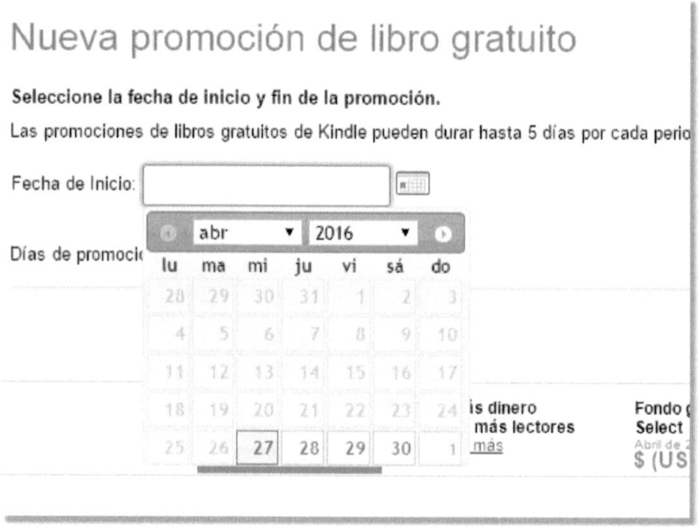

Ahora haz clic en "GUARDAR CAMBIOS".

Y listo. Eso es todo.

Si tienes tu libro inscrito en KDP Select, Amazon te permite colocar tu libro en oferta hasta 5 días gratis.

EL PROCESO DE AUTO PUBLICAR TU LIBRO

Continuemos, ¿te parece?

TENEMOS LO ESENCIAL.

1. Una cuenta en Amazon.
2. Un libro escrito en Word, corregida su ortografía, con buena diagramación y una tabla de índice.
3. Un Título llamativo, interesante, que ofrezca al lector una grata experiencia.
4. Una portada atractiva

¿QUÉ SIGUE?

Ahora vamos a publicar el libro, subirlo al portal de Amazon.

Entra en https://kdp.amazon.com/

Pulsa el botón café de la derecha: "INICIAR SESIÓN"

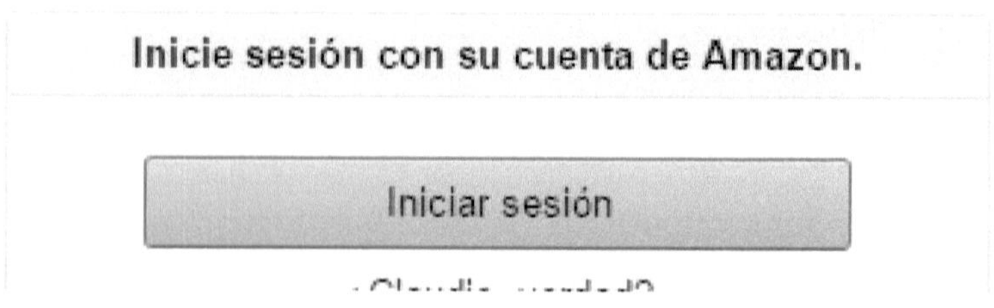

Te lleva directo a la página para publicar tu libro.

Pulsa el marco punteado que dice:

+ CREAR

NUEVO

TÍTULO

Te lleva a la página de KDP donde están los PRIMEROS PASOS señalados con claridad. Vamos a darles un vistazo.

Antes de continuar veamos unos temas que debes dominar.

TRUCOS IMPORTANTES

CREA UNA BUENA DESCRIPCIÓN

Usa este editor para escribir tu descripción, de qué trata tu libro, por qué lo escribiste, cómo podrá ayudar al lector.

Podrás lograr que resalte con letras visibles.

http://ckeditor.com/demo

Si deseas hacerlo de otra forma, más sencilla y directa puedes usar:

Etiquetas HTML compatibles con Amazon.

Van mejorar notablemente la descripción de tu libro...

Te recomiendo usarlas.
El cambio es impresionante.

Etiquetas	Descripción
<b>	Aplica formato de negrita al texto delimitado.
** **	Crea un salto de línea.
<em>	Enfatiza el texto delimitado generalmente con formato de cursiva.
<font>	Determina la apariencia del texto delimitado.
<h1> to <h6>	Aplica formato al texto delimitado como encabezado de sección: de <h1> (el más grande) a <h6> (el más pequeño).
<hr>	Crea una línea o "regla" horizontal. Por lo general, se utiliza para dividir secciones de un texto.
<i>	Aplica formato de cursiva al texto delimitado.
<li>	Identifica un elemento en una lista ordenada (numerada) o desordenada (con viñetas).
<ol>	Crea una lista numerada de

	elementos delimitados, cada uno identificado con una etiqueta <li>.
<p>	Define un párrafo de texto con sangría en la primera línea; crea un salto de línea al final del texto delimitado.
<pre>	Define el texto preformateado.
<s>	Aplica formato de ~~tachado~~ al texto. Ver también: <strike>.
<strike>	Aplica formato de ~~tachado~~ al texto. Ver también: <s>.
<strong>	Aplica formato de negrita al texto delimitado. Ver también: <b>.
<sub>	Aplica formato de $_{\text{subíndice}}$ al texto delimitado: reduce el tamaño de fuente y coloca el texto debajo de la línea base.
<sup>	Aplica formato de ^{superíndice}:al texto delimitado: reduce el tamaño de fuente y coloca el texto encima de la línea base.
<u>	Aplica formato de subrayado al texto delimitado.
<ul>	Crea una lista con viñetas de elementos delimitados, cada uno identificado con una etiqueta <li>.

La página de Amazon lo explica con claridad:

"Por ejemplo, para cerrar correctamente esta etiqueta que se utiliza para poner el texto en negrita <b>, tendrá que poner </b> para evitar que el resto del contenido aparezca como texto en negrita".

Ejemplo:

TÍTULO NORMAL

<b>**TÍTULO CON FORMATO DE NEGRITA**</b>

¿Cuál piensas que resalta más el título y ayudará a que tu libro tenga visibilidad?

LAS PALABRAS CLAVES DE BÚSQUEDA

Amazon te perite usar hasta 7 palabras claves para que cuando alguien escriba en el buscador de Amazon salga tu libro.

Sin embargo puedes colocar palabras claves en el subtítulo y el texto de tu libro. Lo ayudaran a ser visible.

Yo reviso las palabras claves antes de usarlas para saber que tan buscadas son usando Google Ads.

Las etiquetas de palabras claves en tu libro, son fundamentales para que no sea invisible ni se pierda entre la multitud de publicaciones que ofrece Amazon.

LA CATEGORIA
(Es tu nicho de mercado)

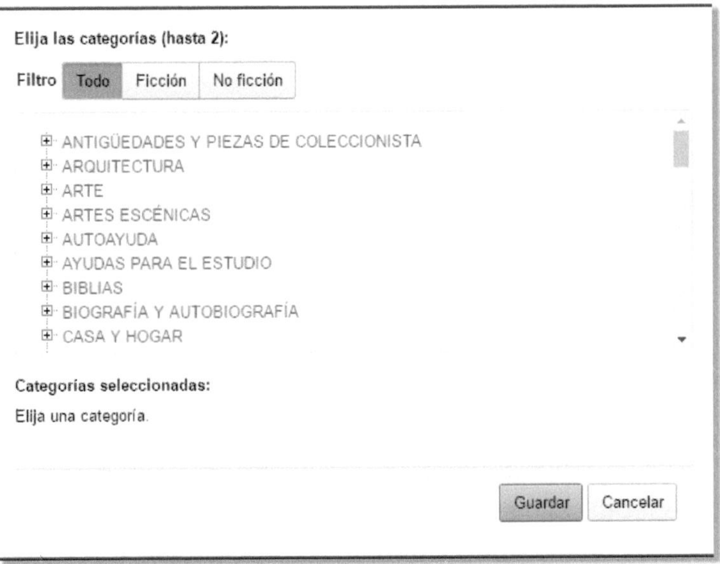

Aquí defines el género de tu libro. Es la clasificación que usan en las librerías para poder encontrar un libro:

Biografías
Novelas
Psicología
Medicina
Auto Ayuda
Arquitectura

Hay dos categorías básicas, libros de ficción y libros no ficción. Dentro de estas ay cientos de categorías adicionales.

Mira con cuidado y elige la categoría que tenga más afinidad con tu libro.

NO TE EQUIVOQUES.

UNA CATEGORÍA CORRECTA MUCHAS VECES ES LA DIFERENCIA ENTRE VENDER O NO TU LIBRO.

Y si te equivocaste, pues no pasa nada.
Podrás corregir por ensayo y error cuantas veces sea necesario.

EL PRECIO

Un libro digital cuesta muchísimo menos que un libro físico. Y se adquiere en menos de un minuto con un simple "clic".

Suelo poner entre US$0.99 y US$ 3.99 en mis libros digitales, dependiendo del tema, la categoría y la cantidad de páginas que tenga.

Hace unos días un amigo que es comerciante, al ver los precios de mis libros electrónicos me comentó:

"Así nunca vas a ganar un centavo. Sube tus precios. Es mejor ganar mucho en pocos productos que poco en muchos productos".

Él es un comerciante independiente que tiene años mercadeando y vendiendo sus propios productos en Internet, con mucho éxito.

Le hice caso y subí todos mis precios.

¿Resultados?

Las ventas se paralizaron, se congelaron, se detuvieron. Durante 4 días no vendí un solo libro.

Es natural, no soy un escritor famoso, no reconocido aún. Por tanto mis libros se venden al pulso mercadeándolos, promoviendo los títulos, haciendo reseñas en diferentes sitios y blogs.

¿Qué hice?

Bajé nuevamente los precios y las ventas se reiniciaron. Esto ocurrió apenas hace 5 días.

¿Mi recomendación?

Es tu libro, tú decides qué hacer, cuál precio poner.

Lo bueno de Amazon es que te permite un control absoluto en este tema y puedes bajar o subir los precios al gusto, cuando lo desees.

REVISA TU LIBRO

Después que subes el archivo de tu libro, Amazon te permite pre visualizarlo antes de publicarlo. Éste es un paso importantísimo.

NUNCA publiques tu libro sin haberlo visto.

Podrás revisarlo, anotar cualquier error y ver cómo va a quedar en los diferentes dispositivos electrónicos, ***antes de guardarlo*** y continuar para colocarle precio.

* * *

Hace poco se me ocurrió otra forma de revisar mis libros digitales y te la comparto. Pensé que nunca había visto uno de mis libros como usuario, es decir, como uno de los lectores que los compran y descargan para leerlos.

Bajé el apps de Kindle en mi celular y compré uno de mis libros. Automáticamente se descargó. No tienes idea la impresión que tuve. Me sentía FELIZ. Casi no podía creerlo, ¿cómo no se me ocurrió antes?

Encontré una buena cantidad de errores de diagramación en los párrafos, fáciles de corregir y mejoré la calidad visual de los libros.

Apenas me lo creía, tenía en mi celular mi libro tal cual lo verían mis lectores. Me encantó esta herramienta.

Me sirvió para corregir los libros (he seguido descargando mis libros para revisarlos nuevamente uno por uno), Puede entrar en el corazón de un lector y comprender su experiencia ante uno de mis libros. ***Se abrió ante mí un mundo que no conocía y me encantó***.

Los libros se leen a gusto, con una calidad impecable, puedes cambiar la iluminación, los colores, las fuentes y hasta el tamaño de las letras para que sea una experiencia visual única, digna de un buen lector.

CAPÍTULO CINCO

TU GRAN RETO

Auto publicar tu libro digital en Amazon, es un gran reto.

Si te gustan los retos, éste es para ti. Una vez que lograste entrar, debes sacarlo a flote, que se vea, que todos sepan que existe. Aquí empieza lo interesante.

Rodeado de millones de libros que también quieren destacar, corres el riesgo de ser **invisible.** Este un trabajo arduo que si lo **PLANIFICAS** bien, dará sus frutos. **No dejes nada al azar.**

Si eres como yo, un novato, alguien que empieza a explorar, comprenderás que lo más cercano a tener lectores en Amazon es **afinar una vieja guitarra**. Ajustas una cuerda tras otra hasta lograr el sonido perfecto.

1. La primera cuerda es el título de tu ebook.

Pregúntate... ¿Es llamativo? ¿Comprarías tú un libro con ese título? Pruébalo. Hazlo circular en Facebook.

¿No atrae a nadie? Cámbialo. Leí un caso de un autor al que le bastó cambiar el título de su libro para tener éxito.

2. La segunda cuerda es la diagramación interior.

Límpiala de cualquier vínculo usando
el **Notepad**.

Comprueba que no tenga errores ortográficos, a nadie le agrada leer un libro con errores.

Procura que se lea con facilidad, que no tenga páginas en blanco.

3. La tercera cuerda es la portada.

Los expertos te recomiendan hacerla con un profesional.

Una buena portada es la clave para que tu libro tenga visibilidad en la librería de Amazon. Una mala portada hará que sea invisible a los lectores.

Para diseñar portadas interesantes, existen lugares como **Fiverr, que ofrece servicios de personas creativas y diseñadores gráficos,** que no son tan costosos. Y si cuentas con algo de experiencia y te animas a diseñarla tú, puedes hacerlo en **Canva**.

Lo cierto es que la combinación de una mala portada y un buen libro, no te dará resultados. Un buen libro quedará en el olvido y nadie lo leerá.

Debes lograr visibilidad. En este momento haz un alto, ve a la página de Amazon, busca “libros digitales” en la tienda Kindle. Pasa tu mirada sobre ellos.

Te haré unas preguntas sencillas:

Rápido, responde: ¿Cuál llamo tu atención con su portada? Trata de aprender lo que puedas. Mira los colores que usa, la tipografía, la foto, el tema, la diagramación.

Mira de nuevo y busca el libro que menos te interesó por su portada. ¿Por qué ocurrió esto? ¿Qué le falta a esa portada? ¿Se lee el título con claridad?

Cuando empecé a escribir y publicar mis propios libros en papel, cometí el grave error de pensar que yo podría diseñar mis portadas mejor que un diseñador gráfico que ha estudiado el tema, que conoce los programas de diseño gráfico.

Hice mis portadas a mi gusto. Y me sentía realizado. Grave error.

Recuerdo una vez que llevé un familiar a una librería para mostrarle orgulloso uno de mis primeros libros. Las estanterías eran de madera. Luego de pasar un rato tratando de encontrar mi libro tuve que pedir ayuda al encargado de la librería.

"Pero Claudio", me dijo, "tienes tu libro frente a ti".
"No lo veo", respondí avergonzado.

Extendió la mano y lo tomó.

Había usado paisajes de bosques para la portada y se mimetizaba con el fondo de la estantería. Había hecho invisible mi libro. Por eso no se vendió un solo ejemplar.

Aprendí mucho de esta dolorosa experiencia. En adelante empecé a visitar las librerías para preguntar cuáles eran los libros más buscados. Trataba de aprender de ellos. El tamaño, los colores, la tipografía.

Me di cuenta de algo vital. **El título debe ser "grande",** llamativo, impactante, corto, interesante... y sobre todo debes usar una fuente que sea "visible" a unos metros de distancia, tanto en el lomo, como en la tapa. Haz una simple prueba en la librería más cercana. Prueba a leer los títulos a un metro de distancia. Luego pregunta cuáles libros se venden más. Te vas a sorprender.

A medida que aprendes te das cuenta que los pequeños detalles son muy importantes, aquellos olvidados, los que no les prestabas atención.

4. La cuarta cuerda es la descripción de tu libro.

Una vez que has enganchado a un posible lector con una portada bien diseñada, un título atractivo y un buen diseño interior, el lector querrá saber de qué trata tu libro. Amazon te da la oportunidad de hablar sobre tu libro, y explicarles a los lectores qué encontrarán en él.

Debes lograr una reseña atractiva, interesante. **No tengas apuro. Esto es muy importante.** Lee las reseñas de libros similares y aprende.

5. La quinta cuerda son las reseñas que te dejan los lectores.

Debes conseguir reseñas a como dé lugar. Atraen a tus posibles lectores como la miel a la abeja. Habla con tus amigos y familiares, que lean tu libro y te dejen reseñas.

6. La sexta cuerda con las palabras clave de búsqueda.

Ellas lograrán que un lector te encuentre fácilmente cuando busque un tema que le interese.

Si lo haces bien, **el éxito llegará**, tarde o temprano. **No te rindas.** Si te equivocas o piensas que tu ebook se venderá solo, porque es un libro extraordinario, al final sólo conseguirás tener un libro "extraordinario" y además invisible.

RECOMENDACIONES

Lee todo lo que encuentres del tema.

Suscríbete a Blogs interesantes, como **Ebook Hermanos** que todas las semanas publican estrategias de gran ayuda para los autores de Ebooks.

No tengas prisa. Revisa tu libro las veces que sea necesario.

"¿Y tú?" Me vas a preguntar. "¿Tuviste éxito con alguno de tus libros?"

Mi respuesta es muy sencilla.

"Aún afino mi guitarra y me preparo para tocar una gran melodía".

Te invito a conocer los ebooks que estamos publicando de **autoayuda y vida interior**.

Soy un experto cuando se trata de libro impresos en papel. Llevo más de 20 años trabajando con ellos...

Pero cuando se trata de nuevas tecnologías y libros digitales, apenas estoy gateando. Todo es nuevo para mí. Los ebooks, o libros digitales, el marketing, las formas de posicionarte.

Me siento como el piloto de un avión cargado de combustible a punto de despegar y que no encuentra la forma de encender los motores.

Sigo buscando, no me rindo. Me pregunto, ¿cuál es el factor de hace visible tu libro?

¿Una buena portada? Por supuesto diseñada por un profesional.
¿Un libro bien diagramado?
¿Un Título atractivo?
¿Escribir sobre algo que las personas necesiten?
¿El Precio?
¿Dar a conocer tu libro con una página web y un blog?
¿Dominar el nicho en el que te vas a mover?

Veamos…
Vamos a probar el factor precio.

Durante unos días pondremos todos nuestros libros a 0.99 centavos.

Es un precio simbólico. Con que lo Amazon te descuenta no queda mucho para ti. Pero es una oferta atractiva por volumen si lo consigues.

¿Qué piensas que ocurrirá?

VOLVAMOS A EMPEZAR

Olvida lo que ya sabes y vuelve a empezar.

Aquí todo es nuevo y está por hacerse. En la era digital las normas, los caminos, las estrategias, todo es diferente. Es un nuevo mundo con personas que cultivan hábitos y costumbres especiales.

Existe la generosidad. Cientos de autores comparten en sus blogs escritos aconsejándote, dándote ideas a desarrollar.

Nuevamente te recomiendo el blog **EBOOK HERMANOS** en el que te brindan estrategias para llegar al No. 1 en Amazon. Los he seguido y tienen blogs con unos contenidos extraordinarios, te dan herramientas útiles para cualquier escritor y lees entrevistas interesantes, de autores que han logrado el éxito...

Existe la confusión. Es un mundo caótico y complicado donde habitan millones de libros, y misterios, y formas de hacer las cosas que no todos llegaremos a comprender.

Existe la oportunidad. Puedes llegar a miles de personas en todo el mundo con un mensaje de esperanza.

En mi caso, hago lo que sé hacer: "escribo" y busco. No me rindo. Debo aprender, comprender, hacerlo mejor

Por las noches, estudio. Veo cientos de videos sobre los libros electrónicos y cómo posicionarlos. Filtro las ideas, tomo lo esencial.

Los libros empiezan a caminar.

Se están levantando y gritan:
"¡Aquí estamos!"

¿Mi meta? Un millón de libros. Un millón de lectores. Un millón de almas con las que puedo compartir tantas cosas.

Sé que me has apoyado y te lo agradezco. Si no has dejado una reseña en mis libros, te invito a que lo hagas. Es muy fácil. No te tomará más de dos minutos y ayudará muchísimo.

Esta es mi página de autor en Amazon. Te invito a visitarnos.

https://www.amazon.com/author/claudiodecastro

Te invito a leer mi libro: "Voy a ser papá". Un relato jocoso sobre la vida de los padres distraídos que al final lo superan todo y ponen orden en la casa, antes que regrese mamá.

…………..

HACE TIEMPO, cuando no tenía mis Best sellers actuales, escribí estas reflexiones en un blog sintiendo que era una lucha imposible:

*Después de seis meses de preparación y tres meses con **53 libros subidos en Amazon,** era un autor invisible en este nuevo mundo de la era digital. Es como si alguien me hubiese echado encima un manto de la invisibilidad.*

.

Anoche pensé que me la he pasado empujando una pared. Es un esfuerzo sin sentido que nunca dará resultados. Te agota, te resta energías, entusiasmo e interés.

De pronto quisieras abandonar este proyecto y dedicarte a otra cosa pensando que pierdes tu tiempo.

La verdad es que no puedo seguir empujando una pared. Debo cambiar de estrategia. Lo que tengo que hacer es buscar la puerta del éxito y cruzar por ella.

Nada más sencillo.

La pregunta es: "¿Dónde está esa puerta?" No sabía dónde estaba, pero la iba a encontrar.

……………

El otro día leí que en Amazon hay más de 24 millones de libros disponibles. En medio de esa cantidad hay 53 que luchan por abrirse camino, son los míos.

Leyendo algunos casos de éxito te preguntas cómo lo lograron. Encontraron la puerta.

Esto quiere decir que existe, ¡está allí!

¿Quién´ les dio la llave? ¿Cómo la consiguieron?

¿Cómo lograron situarse en primer lugar en una fila tan larga, despiadada e interminable?

He tratado de adaptarme y seguir los consejos que estos escritores exitosos te dan.

Tener portadas coloridas con títulos grandes.
Libros bien escritos y diagramados con gusto.
Escribir sobre algo que las personas necesiten.

¿Existe una fórmula para destacar y llegar a la cima?

¿Cuál es?

1. ¿Una buena portada?
2. ¿El contenido del libro?
3. ¿Un mercadeo agresivo?
4. ¿El precio de tu libro?
5. ¿Las palabras adecuadas en el buscador?
6. ¿Una buena reseña del libro?

7. ¿Una combinación de todo esto?

¿Tú que crees?

En fin… me parece que hay algo más que nadie te dice. Te indican los ingredientes de la sopa pero ninguno te dice al oído:

“Debes echarle una pizca de sal”.

Quiero diversificar mis libros, mostrar el lado humano en la vida corriente. Demostrar que todos tienen algo de bondad en su interior, hasta el más frío y escéptico de los humanos.

Estoy seguro que lo voy a conseguir.

S.O.S MI LIBRO NO SE VENDE ¿QUÉ HAGO?

¿Recuerdas lo que te conté sobre sintonizar una emisora de radio? ***Haz igual con tu libro, debemos ir ajustando hasta sintonizar con nuestros lectores.***

ES UN BUEN MOMENTO PARA REVISAR TODO LO QUE HAS HECHO Y LO QUE TE FALTA POR HACER.

¿Tienes un Book Trailer?
Compra tu libro y revísalo, con espíritu crítico, en tu teléfono móvil o tu dispositivo digital favorito.

Pregúntate:

1. ¿Cómo puedo remontar mi libro?
2. ¿Revisaste los enlaces?
3. ¿Funciona bien la tabla de contenidos?
4. ¿Hay algo nuevo que puedo agregarle?

5. ¿Cómo puedo mejorar la experiencia del lector?
6. ¿Cómo puedo llegar a más lectores?
7. ¿Cómo puedo lograr que conozcan el libro y lo quieran comprar?
8. ¿Cuánto invertí en marketing digital?
9. ¿He actualizado la página web del libro?

Perdón… ¿Tienes una página Web para tu libro? Si no la tienes, en este momento entra aquí **www.wix.com** y empieza enseguida.

¿Has escrito alguno nuevo en tu blog?
¿Qué has hecho para mercadearlo?

Recuerda, un libro no se mueve solo. Excepto si eres un escritor de fama, muy leído y buscado. Y creo que hasta ellos tienen grandes editoriales promoviendo los lanzamientos de sus nuevos libros.

Cuando publicas un libro en papel, te emocionas en el momento que tienes el primer ejemplar en la mano. QUIERES CORRER A DECIRLE A TODO EL MUNDO: ***"¡Ey, tengo mi primer libro, soy un escritor!"***

Preparas una presentación formal del libro, **un lanzamiento oficial e invitas familiares, amigos, otros escritores, periodistas, noticiarios…**

Logras que te entrevisten y sales en los diarios y programas de la televisión: "NUEVO LIBRO DEL AUTOR…"

Lo das a conocer en las redes sociales.

No escatimas tiempo, ni dinero, ni esfuerzo para que tu libro sea leído y comentado.

Los libros digitales no son diferentes. Necesitan la dedicación y esfuerzo del autor por promoverlos.

Tienes la ventaja que lo has publicado GRATIS, lo tienes disponible en la estantería de la mayor librería del mundo, desde cualquier país pueden adquirirlo. Yo tengo lectores en Japón.

"Konnichiwa", amigos japoneses.

Es impresionante el alcance que puedes lograr.

EL ANÁLISIS FODA

Existe una herramienta que usan mucho los emprendedores y dueños de empresas que quieren triunfar.

Es una herramienta de planeación estratégica muy fácil de usar. Me parece que justamente es lo que necesitas.

Si conoces tus fortalezas y debilidades, podrás saber qué camino tomar. Dónde debes esforzarte más. Podrás planear estratégicamente cómo lograr que tu libro sea el más leído y se encuentre en el Top Ten de Amazon.

Como escritor y autor de un nuevo libro, vas a revisar tus:

FORTALEZAS
OPORTUNIDADES
DEBILIDADES
AMENAZAS

Te pongo un ejemplo:

FORTALEZAS
Estás publicando en la mayor librería del mundo.
Puedes publicar en varios idiomas.
Es gratis.
Puedes publicar todos los libros que te dé la gana, sin que nadie te ponga obstáculos, como solía ocurrir con las editoriales.
Tu libro es interesante y piensas que podrá ayudar a otras personas.

OPORTUNIDADES
Muchos autores independientes han triunfado lo que significa que también tú puedes si descubres cómo ellos lo hicieron.
Puedes leer reseñas y entrevistas en las que te dan consejos muy buenos
.Vas a brindarles a tus lectores algo que les puede llamar la atención.
Tienes un montón de herramientas a tu alcance para diagramar tu libro, crear tu portada, etc.

DEBILIDADES
Es tu primer libro y eres un autor desconocido.
No manejas bien el mercadeo digital.

Nunca has hecho una portada y aunque te encante, no sabes si será lo suficientemente atractiva.

AMENAZAS

Compites en tu categoría con millones de libros de otros autores que como tú buscan el éxito.

LOS INFORMES DE VENTAS

Como en cualquier empresa, **debes estar pendiente de los informes de tus ventas de libros digitales en Amazon.**

Es muy completo. Tienes informes de ventas, regalía, pagos, promociones, etc.

Cuando un lector te devuelve un libro que ha comprado, (que podrá ocurrir) lo más recomendable es revisarlo. Leer como si fueses un lector que lo descarga por primera vez a su dispositivo digital.

¿Por qué lo habrá devuelto?

¿Qué no le gustó?

¿Tendrá faltas de ortografía?

¿Deberé mejorar su diagramación?

Al principio me pasó. Te sientes muy mal. Algunos lectores consideraban que un libro no valía lo que estaban pagando, o que su experiencia leyéndolos no era satisfactoria, o que el contenido no iba acorde a lo prometido en la descripción.

Tomé todos esos libros y los diagramé de cero, desde el principio. Luego hice una exhaustiva revisión ortográfica, mejoré las portadas, afiné las palabras claves y la descripción del libro, probé todos los enlaces, incluyendo las tablas de contenidos… Y por último los volví a subir en Amazon.

Nunca volvió a ocurrir. En adelante los libros eran adquiridos a satisfacción del lector.

¿CÓMO TE PAGA AMAZON?

Hemos guardado para el final lo mejor. Lo que todos esperamos, que nos retribuyan por nuestro trabajo.

Recuerda que tú eres quien da el precio a tu libro.

Amazon te paga tus regalías cuando llegas a un mínimo de US$100.00

Lo hace mediante transferencia electrónica de fondos (EFT), giro bancario o cheque.

IMPORTANTE

Si le das un valor superior a los US$2.99 podrás recibir el **70%**

Si le das un valor inferior a US2.99 sólo recibirás el **35% de la venta.**

¿Conoces algún autor independiente que voluntariamente quiera ganar el 35% cuando puede llevarse el 70% sobre el valor del libro?

Yo no.

Siempre uso la opción del 70%.

De los beneficios que vas a recibir por tus regalías, ***Amazon te retiene el 30%.***

Recuerdo cuando recibí mi primer cheque. Fui contento al correo. ¡Qué alegría! ¡Correo de Amazon!

Cuando abrí el sobre… quedé sorprendido. No era lo que esperaba.

"***Y este 30% que me redujeron, ¿de dónde salió?", me pregunté.***

Le escribí a Amazon y respondieron***: "Son los impuestos. Los descontamos directo del pago. El libro se vendió en los Estados Unidos por tanto paga impuestos acá".***

Nada que hacer.

Hay una fórmula complicada para obtener el ITIN, un número fiscal de Estados Unidos, de forma que te retengan sólo el 5% pero **a la fecha NO LO HE CONSEGUIDO.**

Cuando lo consiga te contaré el secreto. Por ahora, paciencia y seguir hacia delante como decimos en mi país.

* * *

Cuando inicié este proyecto, fui planificando cada paso. Las opciones de pago de Amazon son:

TE ENVÍA UN CHEQUE A TU APARTADO POSTAL

TE HACE UN GIRO BANCARIO

TE PAGA POR TRANSFERENCIA ELECTRÓNICA.

Sabiendo esto y que en mi país para poder cobrar por Paypal debes tener una cuenta bancaria en los Estados Unidos, y yo no la tenía, hice lo más razonable.

Tomé un apartado postal en el correo. Algo que no tenía porque me manejo con emails.

Ahora recibo los pagos de mis regalías por correo. Me llegan bien. No tengo ningún problema.

Sólo tuve que buscar un banco que no cobrara una comisión muy alta por aceptar el depósito de un cheque de los Estados Unidos… y lo encontré. ***Solucionado el problema.***

BENEFICIOS DE AUTO PUBLICAR

Seguro te has preguntado:

¿Cuál es el mayor beneficio de auto publicar cuando eres un autor independiente?

QUE PUEDES PUBLICAR TODOS LOS LIBROS QUE QUIERAS. Así como suena, los que desees.

No dependes de una casa editorial que te ponga trabas o sólo te publique un libro cada cinco años.

Publicar en Kindle Amazon un libro digital de tu autoría, es "GRATIS" y nadie NI NADA te impiden hacerlo.

Hace poco en Panamá celebrábamos 20 años de la Invasión por los Estados Unidos a mi país. Fueron días aciagos que vivimos los panameños.

Recordé que en esos días escribí un diario anotando todo lo que ocurría a mi alrededor.

Casado con tres hijos, asustado como muchos, sin saber qué hacer un una situación de riego.

De pronto pensé: "Quiero ser escritor y esta es una oportunidad única. Vivimos días históricos de los que en el futuro se hablará. Llevaré un diario y veremos qué ocurre".

Busqué el diario y lo encontré.

Me re-encontré con ese Claudio joven, algo torpe e indeciso, pero con ganas de hacer algo por su país.

Había registrado la historia.

En una tarde *arme mi libro:* ***BITACORA DE LA INVASIÓN A PANAMÁ.*** *Y fue un éxito rotundo.*

Así que ánimo, ponte a trabajar colega escritor.

Busca fama y fortuna. Cumple tus sueños.

TU PÁGINA DE AUTOR

Una de las herramientas más interesantes que Amazon pone a tu disposición es la página de autor.

Puedes tener tu propia página como escritor y autor en Amazon.

La mía es:

amazon.com/author/claudiodecastro

Podrás crear tu perfil como escritor, destacando tu biografía, subir las fotos que quieras compartir, los videos de tus book trailers motivando a la lectura del libro y hasta tu propio blog contando tus inquietudes y experiencias.

Es una ventana al mundo para que te conozcan.

Una herramienta estupenda para darte a conocer con tu perfil, administrar con detalles las descripciones de tus libros, ver las reseñas que te dejan tus lectores, graficas de tus ventas con TU RANKING, y… ***¡Esto es genial!...***

Puedes compartir los avisos de eventos en los que vas a participar como escritor, conferencias, entrevistas, lecturas de libros, premios que estás por recibir.

Tu biografía hazla sencilla, interesante.

Cruzar la puerta hacia la página de autor***, es como entrar al corazón de Amazon, donde están las repisas llenas de libros digitales.*** Allí podrás encontrar los tuyos, limpiar tu repisa, ordenar mejor tus libros y dejar letreros destacando tus libros sobre los otros.

Puedes colocar tu página en las redes sociales, aprovecha todos los espacios que puedas, como colocarla debajo de tu nombre en los correos electrónicos que les envías a tus amistades.

Para hacer tu página de autor usa este **ENLACE**

https://authorcentral.amazon.com

Crea tu perfil como escritor, destacando en tu biografía por que escribes, que premios has recibido, donde vive…, sube algunas fotos que desees compartir, publica los videos (book trailers) de tus libros y hasta tu propio blog.

Es muy sencillo y no requiere experiencia previa.

Y AHORA, ¿QUÉ HAGO?

Escucha los consejos que te den. Mejora tus libros. Que la experiencia del lector sea buena. Impáctalo, deja en él un deseo profundo de leer otros libros de tu autoría.

Si consigues un listado de correos de tus lectores podrás mantenerlos informados de nuevos lanzamientos, eventos y presentaciones, donde podrán conocer al autor.

Como sabes, fue mi hermano Frank fue quien me dio el impuso definitivo que necesitaba para entrar en este ***nuevo mundo*** de la era digital, publicando mis Ebooks.

Fueron 6 meses de preparación, estudiando, tratando de comprender, cuando sentía que leía en ruso. Y luego, 6 meses adicionales ajustando los libros, las palabras claves, la diagramación…

Mi hermano me ha mostrado ***otro mundo que está allí disponible para ser conquistado por los autores independientes que tengas un gran espíritu emprendedor.***

Me sugiere publicar también en otras plataformas distribuidoras de libros digitales como:

Ibookstore, la tienda de libros de Apple.
Lulu
Smachwords

Y muchas otras plataformas que tienes a tu disposición y esperan por ti.

Ahora que he logrado dominar un poco el tema de amazon, es hora de buscar otras plataformas. Una a la vez.

No hacerlo es como si fueras a un restaurante con una comida deliciosa, te extienden el menú y siempre pides lo mismo. ***Te pierdes la oportunidad de nuevos y fascinantes sabores.***

Mientras lees estas palabras me preparo para viajar a estos mundos. Lo haré igual que hice con amazon.

Primero, debes prepararte, conocer el terreno sobre el que vas a caminar. "ESTUDIA".

Pasaré un tiempo extra estudiando, aprendiendo y probando. Cuando lo haya conseguido, me refiero no sólo a publicar, sino a tener éxito, swr buscado y léido, publicaré otro libro testimonial, con mis experiencias, contándote cómo lo hice, los obstáculos que tuve que superar, las alegrías que recibí.

Empezaré con "Smachwords", me han comentado que es el mejor, por su amplia distribución.

¿Qué hacer mientras?

Continúa dándole seguimiento a tu libro. No lo abandones ni lo dejes al azar, sólo porque acabas de publicar el segundo o tu tercer libro digital.

¿PUEDO PUBLICAR EN OTROS IDIOMAS?

Sí puedes.

Estudia la posibilidad de **publicar tus libros en otros idiomas.**

Yo les pago a traductores especializados con los que hice amistad, conocen mis libros y lo que deseo transmitir en cada uno de ellos a mis lectores. Actualmente he traducido en estos idiomas:

INGLÉS
PORTUGUÉS
ITALIANO
FRANCÉS.

NO USES LOS TRADUCTORES ON LINE. Fue mi primera experiencia y mis libros quedaron muy mal.

Considero que tu libro lo debe traducir un ser humano que te conozca, que comprenda lo que quieres transmitir con tu ebook, que pueda trascender con su traducción y conservar el espíritu y significado de tus palabras.

Y, ¿cómo saber que están bien traducidos si no hablas el idioma?

Les pasé los libros a diferentes amigos que sí los hablan para que les dieran una mirada.

Hay herramientas que puedes utilizar si deseas conquistar otros países. Ofrecen el servicio de traductores. Dos interesantes son:

FIVERR

Hay traductores que por una módica suma trabajan tu libro. Antes de seleccionar uno verifica que tenga experiencia y buenas reseñas.

Usé Fiverr como mi segunda opción hasta que contacté otros traductores.

BABEL CUBE

Ofreces tu libro a los traductores, de más de 30 idiomas. Ellos revisan tu libro y te hacen una oferta.

Si aceptas cada uno gana un porcentaje de las ventas que se dividen entre

1. Babel Cube, que suben tu libro a diferentes páginas y empresas que venden y promueven tu libro.
2. El traductor
3. El autor

Les escribí para consultarles sobre los idiomas y la forma en que te pagan y esta fue su respuesta:

"Sí, hay traductores de muchos idiomas, entre ellos el español. En cuanto al pago de momento Paypal es nuestra única forma de pago".

También aproveché para contactar una autora que trabaja sus traducciones con ellos. Su experiencia fue buena.

UN LIBRO SENCILLO PARA ESCRITORES INDEPENDIENTES

Seguro lo notaste…

Este no es el libro definitivo... Ni pretendo que lo sea. Tengo tanto por aprender. Y eso me encanta. Es un reto que acepto con mucho gusto.

Sólo quise ayudarte, ofrecerte algo de lo que aprendí publicando varios libros digitales y conseguido que tres de ellos se situaran entre los más vendidos.

Quise compartir mi experiencia contigo, tratando de ser lo más sincero y honesto posible, mostrándote las dificultades que atravesé, las veces (infinidad) que me desanimé y pensé abandonar este proyecto porque no le veía futuro.

Mis disgustos cuando recibí mi primer cheque y encontré un inesperado descuento sobre mis ganancias, del 30%.

Me pareció injusto y exagerado. Mi esposa Vida (siempre escucha a tu esposa, saben mucho) me hizo comprender que debes aceptarlo (aunque no estés de acuerdo). Esta condición es parte del juego.

Hice un alto en el camino para compartir contigo todo lo que he aprendido: las herramientas que estoy usando y que espero te ayuden también, para que puedas publicar tu libro sin ningún problema y empezar a promoverlo.

Al final esta satisfacción: VER TU LIBRO PRESENTE, PUBLICADO EN LA PÁGINA DE AMAZON supera todas las dificultades y desánimos que hayas podido tener.

Comprobar que pudiste, que lo lograste, que eres un autor en Amazon, es una alegría incomparable. Un momento para celebrar y compartir en familia y con los amigos.

* * *

Esto es una comunidad y entre todos debemos ayudarnos.

A diario, recibo muchos correos de nuevos autores, preguntando cómo se hace, qué se necesita para auto publicar en Amazon Kindle.

Quise responder con este libro a todas sus inquietudes.

Debía ser un libro tutorial y a la vez testimonial... Fácil de comprender, con palabras sencillas. Espero haberlo logrado.

Te muestro el camino que descubrí y seguí, ***para que muchos otros autores independientes puedan conquistar sus sueños, como lo estoy haciendo yo.***

Me queda mucho por recorrer.

Como tú, aún soy nuevo en este mundo de los libros digitales.

Me esforcé por lograr mis metas. Éste libro es una de ellas. Tengo 3 best sellers publicados, y libros en inglés, portugués, francés e italiano. Esperamos publicar el primero en mandarín y ruso este año... Y apenas estamos empezando.

La tecnología cambia, siempre está mejorando, innovando. No te puedes quedar aislado.

Estoy agradecido porque esta es una maravillosa oportunidad que nos permite hacer lo que tanto nos apasiona. ***Aprender, compartir y escribir.***

Créeme, vale la pena.

Lo vas a disfrutar en grande.

¡Ánimo!

Un fuerte abrazo, desde Panamá.

CONOCIENDO AL AUTOR

Nací en Colón, una ciudad costera con olores y sabores maravillosos.

Se mezclaba la suave brisa marina, con el ***pan bon*** recién horneado, el pudín de pan que hacía mi mamá, el plátano maduro, la carne de tortuga y los sueños e inquietudes de la infancia.

En esos días Colón era un lugar pequeño donde todos nos conocíamos. Podías salir y caminar sin ningún peligro por sus calles.

Yo solía pasear cada mañana por el borde del mar en busca de troncos y tesoros dejados por la marea.

También disfrutaba mucho una pequeña librería llamada "El Progreso".

Allí compré mis primeros libros.

Siempre quise ser un escritor.

En el colegio, cuando a mis compañeros de salón les preguntaban que deseaban ser en el futuro, algunos respondían:

"Médico, ingeniero, arquitecto...."

En el momento que me lo preguntaban invariablemente respondía: ***"Escritor".***

"Muy bien", me decían sin comprender mis sueños, "pero, ¿qué vas a estudiar?" Y yo callaba, porque sabía que jamás comprenderían.

Una mañana nos llevaron a una feria del libro. Nunca sospeché que esto cambiaría mi vida.

En esos días no eran como las de ahora, con tantos libros y librerías y lectores de todas las edades, apasionados por la lectura. Aquella era una feria pequeña, en el patio de una escuela.

Colocaron mesas y encima de ellas apilaron los libros, ordenándolos lo mejor posible.

"Algún día", me dije, "los míos estarán aquí".

Caminé con curiosidad entre aquellas montañas de libros, cuando vi algo que llamó poderosamente mi atención. Era un libro pequeño. Se encontraba en una estantería, en uno de los pasillos. Se titulaba: ***"La cápsula de cianuro".*** El autor era *Enrique Jaramillo Levi,* mi vecino de Colón… la ciudad costera donde crecí.

Apenas me lo creía. Allí, ante mí se encontraba un libro de alguien que conocía bien. *Su papá era mi padrino.* Por supuesto, lo compré ilusionado. Y a la vuelta, cuando atardecía y el sol empezaba a ocultarse, viajaba en un bus escolar, con ese tesoro entre mis manos.

¿Lo leí? No… ***lo devoré en minutos***… Y tomé una resolución:

"Si Enrique pudo, ¡yo también!"

* * *

A lo largo de mi vida me han dicho de todo: *"bicho raro, tonto, ingenuo, naif..."*

La ventaja de ser incomprendido es que puedes escuchar la voz más clara de todas, sin interferencias, la que te muestra lo que eres capaz de lograr. ***Oyes la voz del corazón.***

* * *

¿Sabes cuáles son las palabras prohibidas? Las que nunca debes escuchar… Y tan a menudo te las dicen:

"NO PUEDES".

Yo las he borrado de mi vocabulario. Y constantemente me digo:

"Sí puedo. No me dejaré vencer.
Nunca, nunca me rendiré…"

Debes seguir tus sueños, CREER EN LO QUE PUEDES LOGRAR, y tratar de conquistarlos.

Los sueños, no son para soñar, sino para ser conquistados, con trabajo, fe y perseverancia.

* * *

Hoy mis libros se encuentran disponibles en librerías de más de 15 países y empiezan a ser traducidos al inglés, francés, italiano, portugués y muy pronto los encontraras en mandarín y ruso.

Cada mañana al despertar y levantarme de la cama sé que ese día ***haré lo que siempre quise, aquello que me apasiona y me llena de alegrías: escribir.***

Y es lo que hago en ese momento para ti.

.

DEJA UNA RESEÑA

Estimado Lector:

Muchas gracias por leer "CÓMO PUBLICAR TU LIBRO "GRATIS".

Si te ha servido mi testimonio, **me gustaría que me apoyes** con una breve reseña del libro que puedes dejar en el portal de Amazon...

No te llevará más de dos minutos y así ayudarás a otros lectores potenciales.

Con tu reseña estarás contribuyendo a compartir lo sueños de muchos autores que desean auto publicar por primera vez.

Cuento contigo.

¡Gracias por alentarnos a seguir!

CONÉCTATE CON CLAUDIO

Escríbele a su email:

cv2decastro@hotmail.com

Pág. web

www.claudiodecastro.com

www.ingramcontent.com/pod-product-compliance
Ingram Content Group UK Ltd.
Pitfield, Milton Keynes, MK11 3LW, UK
UKHW040556210726
13854UKWH00007B/81

9 781533 011756